N3

일본어
능력시험
파이널
테스트

허성미
나카자와 유키 공저

JLPT
FINAL
TEST

다락원

JLPT
FINAL TEST N3

지은이 허성미, 나카자와 유키
펴낸이 정규도
펴낸곳 (주)다락원

초판 1쇄 인쇄 2022년 5월 10일
초판 1쇄 발행 2022년 5월 17일

편집총괄 송화록
책임편집 한누리
디자인 장미연, 이승현

다락원 경기도 파주시 문발로 211
내용문의: (02)736-2031 내선 460~465
구입문의: (02)736-2031 내선 250~252
Fax: (02)732-2037
출판등록 1977년 9월 16일 제406-2008-000007호

값 16,000원
ISBN   978-89-277-1257-2 14730
           978-89-277-1254-1 (set)

http://www.darakwon.co.kr

- 다락원 홈페이지를 방문하면 상세한 출판 정보와 함께 동영상강좌, MP3 자료 등 다양한 어학 정보를 얻을 수 있습니다.
- 다락원 홈페이지 또는 표지의 QR코드를 스캔하면 MP3 파일 및 관련 자료를 다운로드 할 수 있습니다.

머리말

N3의 합격 여부는 얼마만큼 실전에서 실력을 발휘할 수 있느냐가 중요하다고 생각합니다. 그동안 공부했던 어휘와 문법을 문제 속에서 잘 적용하여 실전에서 실력을 얼마나 발휘하는지가 중요합니다. 따라서 JLPT N3의 실제 기출 문제에 포커스를 맞춘 교재가 필요합니다.

이 책은

· 최신 기출 문제를 바탕으로 만들어졌습니다.
· 실제 시험에서 출제된 어휘를 골고루 활용하였습니다.
· 실제 시험과 같은 형식으로 구성하였습니다.

이 책은 JLPT N3의 2010년 1회부터 최근까지 시험에 출제된 문제를 토대로 출제 경향 및 문제 유형을 분석하여 문제에 반영하였습니다. 따라서 JLPT 시험 합격을 목표로 하는 학습자가 최대한 실제 시험처럼 느끼며 대비할 수 있도록 문제를 구성하였습니다.

JLPT 합격을 위해서는 같은 문제를 반복적으로 풀어보는 연습이 중요합니다. 처음 문제를 풀 때는 실전 연습을 하는 모의고사 교재로서, 두 번째로 문제를 풀 때는 오답 정리 교재로서, 세 번째로 문제를 풀 때는 활용된 어휘를 확인하고 점검하는 교재로서 활용한다면 단기간에 꼭 원하는 점수로 합격하실 수 있다고 확신합니다.

다락원과 저자는 여러분들의 합격을 진심으로 기원합니다.

저자 **허성미(나루미), 나카자와 유키**

JLPT(일본어능력시험)에 대하여

1 JLPT의 레벨

시험은 N1, N2, N3, N4, N5로 나뉘어져 있어 수험자가 자신에게 맞는 레벨을 선택합니다. 각 레벨에 따라 N1~N2는 언어지식(문자·어휘·문법)·독해, 청해의 두 섹션으로, N3~N5는 언어지식(문자·어휘), 언어지식(문법)·독해, 청해의 세 섹션으로 나뉘어져 있습니다.

시험과목과 시험시간 및 인정기준은 다음과 같으며, 인정기준을 「읽기」, 「듣기」의 언어 행동으로 나타냅니다. 각 레벨에는 이들 언어행동을 실현하기 위한 언어지식이 필요합니다.

레벨	과목별 시간		인정기준
	유형별	시간	
N1	언어지식 (문자·어휘·문법) 독해	110분	**폭폭넓은 장면에서 사용되는 일본어를 이해할 수 있다.**
	청해	60분	【읽기】 신문의 논설, 논평 등 논리적으로 약간 복잡한 문장이나 추상도가 높은 문장 등을 읽고, 문장의 구성과 내용을 이해할 수 있으며, 다양한 화제의 글을 읽고 이야기의 흐름이나 상세한 표현의도를 이해할 수 있다.
	계	170분	【듣기】 자연스러운 속도의 체계적 내용의 회화나 뉴스, 강의를 듣고, 내용의 흐름 및 등장인물의 관계나 내용의 논리구성 등을 상세히 이해하거나 요지를 파악할 수 있다.
N2	언어지식(문자·어휘·문법) 독해	105분	**일상적인 장면에서 사용되는 일본어의 이해에 더해, 보다 폭넓은 장면에서 사용되는 일본어를 어느 정도 이해할 수 있다.**
	청해	50분	【읽기】 신문이나 잡지의 기사나 해설, 평이한 평론 등, 논지가 명쾌한 문장을 읽고 문장의 내용을 이해할 수 있으며, 일반적인 화제에 관한 글을 읽고 이야기의 흐름이나 표현의도를 이해할 수 있다.
	계	155분	【듣기】 자연스러운 속도의 체계적 내용의 회화나 뉴스를 듣고, 내용의 흐름 및 등장인물의 관계를 이해하거나 요지를 파악할 수 있다.
N3	언어지식(문자·어휘)	30분	**일상적인 장면에서 사용되는 일본어를 어느 정도 이해할 수 있다.**
	언어지식(문법)·독해	70분	【읽기】 일상적인 화제에 구체적인 내용을 나타내는 문장을 읽고 이해할 수 있으며, 신문 기사 제목 등에서 정보의 개요를 파악할 수 있다. 일상적인 장면에서 난이도가 약간 높은 문장은 대체 표현이 주어지면 요지를 이해할 수 있다.
	청해	40분	
	계	140분	【듣기】 자연스러운 속도의 체계적 내용의 회화를 듣고, 이야기의 구체적인 내용을 등장인물의 관계 등과 함께 거의 이해할 수 있다.내용을 등장인물의 관계 등과 함께 거의 이해할 수 있다.
N4	언어지식(문자·어휘)	25분	**기본적인 일본어를 이해할 수 있다.**
	언어지식(문법)·독해	55분	【읽기】 기본적인 어휘나 한자로 쓰여진, 일상생활에서 흔하게 일어나는 화제의 문장을 읽고 이해할 수 있다.
	청해	35분	【듣기】 일상적인 장면에서 다소 느린 속도의 회화라면 내용을 거의 이해할 수 있다.
	계	115분	
N5	언어지식(문자·어휘)	20분	**기본적인 일본어를 어느 정도 이해할 수 있다.**
	언어지식(문법)·독해	40분	【읽기】 히라가나나 가타카나, 일상생활에서 사용되는 기본적인 한자로 쓰여진 정형화된 어구나 문장을 읽고 이해할 수 있다.
	청해	30분	【듣기】 일상생활에서 자주 접하는 장면에서 느리고 짧은 회화라면 필요한 정보를 얻어낼 수 있다.
	계	90분	

※N3 ~ N5 의 경우, 1교시에 언어지식(문자·어휘)과 언어지식(문법)·독해가 이어서 실시된다.

레벨	득점 구분	득점 범위
N1	언어지식(문자·어휘·문법)	0 ~ 60
	독해	0 ~ 60
	청해	0 ~ 60
	종합득점	0 ~ 180
N2	언어지식(문자·어휘·문법)	0 ~ 60
	독해	0 ~ 60
	청해	0 ~ 60
	종합득점	0 ~ 180
N3	언어지식(문자·어휘·문법)	0 ~ 60
	독해	0 ~ 60
	청해	0 ~ 60
	종합득점	0 ~ 180
N4	언어지식(문자·어휘·문법)·독해	0 ~ 120
	청해	0 ~ 60
	종합득점	0 ~ 180
N5	언어지식(문자·어휘·문법)·독해	0 ~ 120
	청해	0 ~ 60
	종합득점	0 ~ 180

N1, N2, N3의 득점 구분은 '언어지식(문자·어휘·문법)', '독해', '청해'의 3구분이다.
N4, N5의 득점 구분은 '언어지식(문자·어휘·문법)·독해'와 '청해'의 2구분이다.

3 시험 결과 통지의 예

다음 예와 같이 ① '득점 구분 별 득점'과 득점 구분 별 득점을 합계한 ② '종합득점', 앞으로의 일본어 학습을 위한 ③ '참고 정보'를 통지한다. ③ '참고 정보'는 합격/불합격 판정 대상이 아니다.

*예 : N3을 수험한 Y씨의 '합격/불합격 통지서'의 일부 성적 정보 (실제 서식은 변경될 수 있다.)

① 득점 구분 별 득점			② 종합득점
언어지식 (문자·어휘·문법)	독해	청해	
50 / 60	30 / 60	40 / 60	120 / 180

③ 참고 정보	
문자·어휘	문법
A	C

A 매우 잘했음 (정답률 67% 이상)
B 잘했음 (정답률 34%이상 67% 미만)
C 그다지 잘하지 못했음 (정답률 34% 미만)

이 책의 구성과 특징

이 책은 2010년부터 시행된 JLPT(일본어능력시험) N3에 대비하기 위한 파이널 테스트 문제집입니다.

출제 경향 및 문제 유형을 철저히 분석하여 문제에 반영하였고, 학습자가 JLPT 시험을 앞두고 실제 시험과 같은 형태로 구성한 문제를 직접 풀어 보며 시험에 익숙해질 수 있도록 하였습니다.

본책은 〈파이널 테스트 5회분〉과 〈채점표〉, 〈정답 및 청해 스크립트〉, 〈해답 용지〉로 이루어져 있으며, 다락원 홈페이지에서 〈청해 음성(MP3) 파일〉과 〈해설집(PDF) 파일〉을 제공합니다.

파이널 테스트

실제 시험과 같은 형태의 파이널 테스트를 총 5회분 실었습니다.
실제 시험과 똑같이 구성하여 문제 푸는 요령을 익히는 데에 도움이 됩니다.

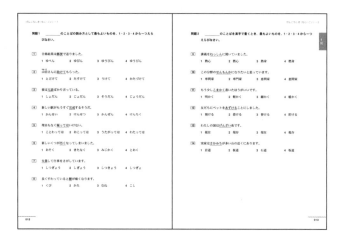

채점표

문제를 풀어보고 자신의 예상 점수를 확인할 수 있게끔 임의적으로 만든 채점표를 실었습니다.

※ 실제 시험은 상대 평가 방식이므로 오차가 발생할 수 있습니다.

정답 및 청해 스크립트

파이널 테스트의 정답과 청해 문제의
스크립트를 정리하였습니다.

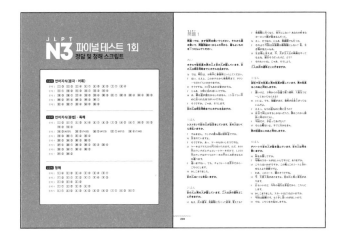

해답 용지

파이널 테스트를 풀 때 필요한 해답 용지입니다.
실제 시험을 보듯 이를 활용하여 미리 해답 기재 요령을 익힐
수 있습니다.

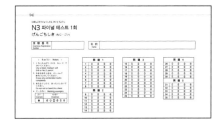

학습 도우미 온라인 무료 다운로드

청해 음성(MP3)

파이널 테스트 청해 문제를 풀기 위한 음성
파일입니다.

■ **스마트폰**
스마트폰으로 QR코드를 스캔하면 다락원 홈페이지의
본책 페이지로 바로 이동합니다.
'MP3 듣기' 버튼을 클릭합니다. 모바일로 접속하면
회원 가입과 로그인 절차 없이 바로 MP3 파일을
듣거나 다운로드 받을 수 있습니다.

■ **PC**
다락원 홈페이지(www.darakwon.co.kr)에 접속하
여 검색창에 「JLPT 파이널 테스트」를 검색하면 자료실
에서 MP3 음성을 듣거나 다운로드 받을 수 있습니다.
간단한 회원 가입 절차가 필요합니다.

해설집(PDF)

학습자의 실력 향상에 도움
이 되기 위해 정확한 해석과
명쾌하고 친절한 해설을 실
었으며, 따로 사전을 찾지 않
아도 학습이 가능하도록 문제
에 나온 단어를 자세히 정리
하였습니다.

■ **스마트폰**
스마트폰으로 QR코드를 스캔하면 다락원 홈페이지의 본책 페이
지로 바로 이동합니다.
'자료실' 버튼을 클릭합니다. 모바일로 접속하면 회원 가입과 로
그인 절차 없이 바로 'JLPT 파이널 테스트 N3 해설집.pdf' 파일을
보거나 다운로드 받을 수 있습니다.

■ **PC**
다락원 홈페이지(www.darakwon.co.kr)에 접속하여 검색창에
「JLPT 파이널 테스트」를 검색하면 자료실에서 'JLPT 파이널 테
스트 N3 해설집.pdf' 파일을 보거나 다운로드 받을 수 있습니다.
간단한 회원 가입 절차가 필요합니다.

목차

JLPT FINAL TEST

JLPT
FINAL TEST
N3

파이널 테스트 **1회**

N3 파이널 테스트 채점표

자신의 실력이 어느 정도인지 확인할 수 있도록 임의적으로 만든 채점표입니다.
실제 시험은 상대 평가 방식이므로 오차가 발생할 수 있습니다.

언어지식 (문자·어휘·문법)

	회	배점	만점	정답 문항 수	점수
문자·어휘	문제 1	1점×8문항	8		
	문제 2	1점×6문항	6		
	문제 3	1점×11문항	11		
	문제 4	1점×5문항	5		
	문제 5	1점×5문항	5		
문법	문제 1	1점×13문항	13		
	문제 2	1점×5문항	5		
	문제 3	1점×4문항	4		
합계			57점		

*점수 계산법 : 언어지식(문자·어휘·문법) [　　　]점÷57×60 = [　　　]점

독해

	회	배점	만점	정답 문항 수	점수
독해	문제 4	3점×4문항	12		
	문제 5	4점×6문항	24		
	문제 6	4점×4문항	16		
	문제 7	4점×2문항	8		
합계			60점		

청해

	회	배점	만점	정답 문항 수	점수
청해	문제 1	2점×6문항	12		
	문제 2	2점×6문항	12		
	문제 3	3점×3문항	9		
	문제 4	2점×4문항	8		
	문제 5	2점×9문항	18		
합계			59점		

*점수 계산법 : 청해 [　　　]점÷59×60 = [　　　]점

もんだいようし

N3

げんごちしき（もじ・ごい）

（30ぷん）

ちゅうい
Notes

1. しけんが はじまるまで、この もんだいようしを あけないで ください。
   Do not open this question booklet until the test begins.

2. この もんだいようしを もって かえる ことは できません。
   Do not take this question booklet with you after the test.

3. じゅけんばんごうと なまえを したの らんに、じゅけんひょうと おなじように かいて ください。
   Write your examinee registration number and name clearly in each box below as written on your test voucher.

4. この もんだいようしは、ぜんぶで 7ページ あります。
   This question booklet has 7 pages.

5. もんだいには かいとうばんごうの 1 、 2 、 3 …が ついて います。 かいとうは、かいとうようしに ある おなじ ばんごうの ところに マークして ください。
   One of the row numbers 1 , 2 , 3 … is given for each question. Mark your answer in the same row of the answer sheet.

じゅけんばんごう Examinee Registration Number	

なまえ Name	

問題1 _____のことばの読み方として最もよいものを、1・2・3・4から一つえらびなさい。

1 合格結果は<u>郵便</u>で送りました。

    1 ゆべん   2 ゆびん   3 ゆうびん   4 ゆうぴん

2 <ruby>山田<rt>やまだ</rt></ruby>さんに<u>助けて</u>もらった。

    1 とどけて   2 たすけて   3 うけて   4 かたづけて

3 彼は<u>冗談</u>ばかり言っている。

    1 しょだん   2 じょだん   3 そうだん   4 じょうだん

4 新しい駅がもうすぐ<u>完成</u>するそうだ。

    1 かんせい   2 けんせつ   3 かんぜん   4 けんちく

5 理由もなく<u>疑って</u>はいけない。

    1 ことわっては   2 おこっては   3 うたがっては   4 わたっては

6 新しいくつが<u>汚く</u>なってしまいました。

    1 おそく   2 きたなく   3 みじかく   4 とおく

7 <u>失業</u>して仕事をさがしています。

    1 しつぎょう   2 しぎょう   3 しつきょう   4 しつぎょ

8 長くすわっていると<u>腰</u>が痛くなります。

    1 くび   2 かた   3 むね   4 こし

問題2 _____のことばを漢字で書くとき、最もよいものを、1・2・3・4から一つえらびなさい。

9 講義を<u>ねっしん</u>に聞いていました。

1　熱心　　　　　2　燃心　　　　　3　熱身　　　　　4　燃身

10 この分野の<u>せんもんか</u>になりたいと思っています。

1　専問家　　　　2　専門家　　　　3　恵問家　　　　4　恵間家

11 もう少し<u>こまかく</u>書いたほうがいいです。

1　明かく　　　　2　軽かく　　　　3　細かく　　　　4　暖かく

12 友だちにペットを<u>あずける</u>ことにしました。

1　預ける　　　　2　借ける　　　　3　替ける　　　　4　貯ける

13 わたしの国は<u>げんざい</u>夜です。

1　視在　　　　　2　現存　　　　　3　現在　　　　　4　視存

14 実家は<u>さかみち</u>が多い山の近くにあります。

1　岩道　　　　　2　板道　　　　　3　石道　　　　　4　坂道

問題3　（　　　　　）に入れるのに最もよいものを、1・2・3・4から一つえらびなさい。

15　卒業式でスピーチをすることになっているので、とても（　　　　　）しています。

1　注意　　　　　2　進行　　　　　3　緊張　　　　　4　集中

16　部屋の掃除をしていたら、高校時代の（　　　　　）アルバムが出てきた。

1　ふるい　　　　2　きびしい　　　3　しつこい　　　4　おかしい

17　干したままになっている洗濯物は取り込んでから（　　　　　）おいてください。

1　ためって　　　2　とじて　　　　3　しまって　　　4　たたんで

18　わたしたちは優勝することを（　　　　　）に毎日頑張っています。

1　予報　　　　　2　目標　　　　　3　期待　　　　　4　希望

19　田中さんが急に転校することになった。きっと言えない（　　　　　）があるのだろう。

1　秘密　　　　　2　経由　　　　　3　具合　　　　　4　事情

20　この店の帽子は、色や形などが独特でかぶると（　　　　　）がよく見えます。

1　チャレンジ　　2　デザイン　　　3　スタイル　　　4　マーク

21　本やインターネットの（　　　　　）を使ってレポートを完成させました。

1　資料　　　　　2　原料　　　　　3　栄養　　　　　4　基礎

22　今度の休みには京都をゆっくり（　　　　　）したいと思っています。

1　想像　　　　　2　観察　　　　　3　観光　　　　　4　勧誘

23 熱があって歩こうとしても体が（　　　　　）して歩きにくい。

1　ばらばら　　　2　ぺらぺら　　　3　うろうろ　　　4　ふらふら

24 まずくつについている（　　　　　）を落としてから家に入ってください。

1　穴　　　　　　2　傷　　　　　　3　けが　　　　　4　汚れ

25 最近テレビ番組でよく空きびんのリサイクル問題を（　　　　）いる。

1　押し込んで　　2　取り上げて　　3　引き受けて　　4　取り付けて

問題4 _____ に意味が最も近いものを、1・2・3・4から一つえらびなさい。

26 この映画は難しいうえに本当に退屈だ。

1 簡単だ　　　　　2 つまらない　　　　3 楽しい　　　　　4 大変だ

27 鈴木さんも今度のゼミ旅行にもちろん行きますよね。

1 一番　　　　　　2 前より　　　　　　3 少し　　　　　　4 当然

28 新製品の説明がうまくできず怒られました。

1 とられました　　　　　　　　　2 とめされました

3 しかられました　　　　　　　　4 あきらめられました

29 先週、新しい車を購入した。

1 修理した　　　　2 レンタルした　　　3 買った　　　　　4 借りた

30 社長に会うためにはアポイントを取ってください。

1 約束　　　　　　2 連絡　　　　　　　3 理由　　　　　　4 秘密

問題5　つぎのことばの使い方として最もよいものを、1・2・3・4から一つえらびなさい。

31　基礎

1　今度の新製品の発表には、田中さんが課の基礎でするそうです。

2　祖母は、日本人の基礎の寿命よりも10年も長生きしました。

3　彼は店に行き、自分の目で基礎を見て購買を決めることにした。

4　運動も勉強も必ず基礎からきちんと習うことが重要です。

32　祝う

1　妹の就職が決まったので、家族みんなで祝うことにした。

2　落ち込んでいたとき、友だちが祝ってくれて元気がでた。

3　先輩の試合を見ながら、優勝を願って一生懸命祝った。

4　母は古いものを捨てるのは祝うという気持ちがすると言った。

33　取材

1　図書館に行く前に、さがしている本があるか取材しておこう。

2　レポートのテーマを友達に取材しようと電話をかけた。

3　旅行に行く前に、ネットで地図を取材しておきます。

4　優勝した選手を取材しようと入り口で1時間も待っていた。

34 こぼす

1 もう何十分も汗をこぼしながらバスを待っています。

2 走ってくる子どもとぶつかり、机の上にコーヒーをこぼしてしまいました。

3 ファイルを落として床に資料を全部こぼしてしまいました。

4 電車にうっかりして携帯電話をこぼして降りました。

35 なだらかだ

1 最近やせたのかズボンがなだらかになりました。

2 今日の作業はなだらかに終わったようでよかったです。

3 その山のなだらかな道をまっすぐ行くと旅館があります。

4 ラジオによると明日から天気がなだらかになるそうです。

N3

言語知識（文法）・読解
げんごちしき　　ぶんぽう　　どっかい

（70分）

注　意
Notes

1. 試験が始まるまで、この問題用紙を開けないでください。
   Do not open this question booklet until the test begins.

2. この問題用紙を持って帰ることはできません。
   Do not take this question booklet with you after the test.

3. 受験番号と名前を下の欄に、受験票と同じように書いて
   じゅけんばんごう　　なまえ　した　らん　　じゅけんひょう
   ください。
   Write your examinee registration number and name clearly in each box below as written on your test voucher.

4. この問題用紙は、全部で18ページあります。
   ぜんぶ
   This question booklet has 18 pages.

5. 問題には解答番号の 1 、 2 、 3 …が付いています。解答は、
   かいとうばんごう　　　　　　　　　　　　　　　　つ　　　　　かいとう
   解答用紙にある同じ番号のところにマークしてください。
   かいとう　　　　　おな　ばんごう
   One of the row numbers 1 , 2 , 3 … is given for each question. Mark your answer in the same row of the answer sheet.

受験番号　Examinee Registration Number
じゅけんばんごう

名前　Name

問題1 つぎの文の（　　　　　）に入れるのに最もよいものを、1・2・3・4から一つえらびなさい。

[1] 新しい仕事は大変だけど、毎月新しい商品を企画しなければならない前の仕事（　　　　　）難しくない。

1　から　　　　　2　ほど　　　　　3　まで　　　　　4　しか

[2] （　　　　　）休む日だったのに、何もしないまま時間が過ぎてしまった。

1　せっかく　　　2　いまにも　　　3　なかなか　　　4　まるで

[3] 鈴木は東京に住んでいるのに、片道2時間もかかるうちの家によく遊びにくる。今月（　　　　　）もう3回も来ている。

1　とても　　　　2　となら　　　　3　だけでも　　　4　だけなら

[4] 店で子どもがうるさくして隣の客に迷惑をかけても、（　　　　　）注意をしようとしない親がいて困っている。

1　やっと　　　　2　きっと　　　　3　いきなり　　　4　ちっとも

[5] 遠くからもよく（　　　　　）、字を大きく書いてください。

1　見えるように　　2　見えるそうに　　3　見ただけに　　4　見たばかりに

[6] 今まであきらめずにやってきたので、たとえ今度（　　　　　）、姉は最後までやり続けると思う。

1　失敗したり　　　　　　　　　2　失敗したため

3　失敗したとしても　　　　　　4　失敗したかどうか

[7] 大学時代、妻と一緒によく通っていた食堂が今も（　　　　　）とても驚いた。

1　営業したとして　　2　営業しなくて　　3　営業していて　　4　営業したら

8 子どものころ、お父さんに台湾出張のお土産で（　　　　　　）そのお菓子の
大ファンになりました。

1　買ってくれてから　　　　　　　　2　買ってもらってから

3　買ってくれるから　　　　　　　　4　買ってもらうか

9 レストランのメニューが少なければ、準備や料理に手間がかからないから、
多くの人を（　　　　　　）必要がなくなってコストダウンできるそうだ。

1　働かせる　　　　2　働かれる　　　　3　働かされる　　　　4　働いている

10 （電話で）

林「はい、さくら出版社です。」

木村「もしもし、タカシマ書店の木村ですが、編集部の林さんは（　　　　　）か。」

林「あ、木村さん。林です。いつもお世話になっております。」

1　ございます　　　　　　　　　　　2　いらっしゃいます

3　拝見します　　　　　　　　　　　4　お目にかかります

11 A「来週から期末テストなんだけど、心配なんだよね。」

B「だったら、勉強すれば？　勉強せずにＴＶ（　　　　　　）仕方ないでしょう。」

1　より見ていれば　　　　　　　　　2　より見ていても

3　ばかり見ていても　　　　　　　　4　ばかり見ていれば

12 クラスのみんなが手伝ってくれた（　　　　　　）、論文がだいぶ早く仕上がって
期間内に無事に提出ができそうだ。

1　ほうで　　　　　2　おかげで　　　　3　ことで　　　　4　ほかで

13 すみません。西川駅に行きたいんですが、（　　　　　　）行ったらいいですか。

1　どうしても　　　2　どのぐらい　　　3　どうか　　　　4　どうやって

問題2 つぎの文の__★__に入れる最もよいものを、1・2・3・4から一つえらびなさい。

（問題例）

つくえの ＿＿＿ ＿＿＿ __★__ ＿＿＿ あります。

1 が　　　　2 に　　　　3 上　　　　4 ペン

（解答のしかた）

1. 正しい答えはこうなります。

> つくえの ＿＿＿ ＿＿＿ __★__ ＿＿＿ あります。
>
> 　　　　　3 上　　2 に　　4 ペン　　1 が

2. __★__ に入る番号を解答用紙にマークします。

（解答用紙）　| (例) | ① ② ③ ● |

14　田中さんは ＿＿＿ ＿＿＿ __★__ ＿＿＿ ことはぜったいしない人だ。

1　ような　　　　　　　　2　困難にあっても

3　気を落とす　　　　　　4　どんな

15　何をするべきか分からないときには、＿＿＿ ＿＿＿ __★__ ＿＿＿ ように

している。

1　悩まず　　　　2　求める　　　　3　アドバイスを　　4　先輩に

16 知り合いが新しくレストランをオープンする ＿＿＿＿、＿＿＿＿ ★ ＿＿＿＿ と思っています。

1 わたしも 　　　 2 食べに 　　　 3 行こうか 　　　 4 ことになったので

17 （美容室で）

店員「どのようにカットしましょうか。」

客「はい、上のほうは ＿＿＿＿ ＿＿＿＿ ★ ＿＿＿＿ ください。」

1 短めに 　　　 2 して 　　　 3 横と後ろは 　　　 4 このままで

18 エイミ「ねえ、駅の近くに最近 ＿＿＿＿ ＿＿＿＿ ★ ＿＿＿＿ 。」

ケン「そう？じゃ、今度一緒に行こうか。」

1 おしゃれな 　　　 2 って 　　　 3 カフェが 　　　 4 できたんだ

問題3 つぎの文章を読んで、文章全体の内容を考えて、 19 から 23 の中に入る最もよいものを、1・2・3・4から一つえらびなさい。

私の姉のミランは現在大学2年生である。子どもの頃からずっと旅行をするのが大好きだ。彼女はその地域の文化を経験することを愛し、新しい人たちに出会うことを 19 。

高校生だった頃、彼女は両親といっしょにアメリカをあちこち旅行した。それが彼女の初めての外国旅行で、その後、彼女は世界各国を旅行したいと思うようになった。

最近、彼女はアジアの国々を旅してまわっている。彼女はそれぞれの国の伝統的な文化を楽しみたかったが、旅行中に現在のアジアの状況が想像していたものとはかなり異なっていることに気づいたそうだ。アジアの多くの国々が急速に欧米化しており、 20 その国の経済状況と深く関係していることがわかった 21 。

ミランは伝統的なアジアの生活文化が大好きだが、それを理解するためには経済学専攻の学生として、アジアの国々の経済についてより多くのことを学ぶべきである 22 。

19

1　愛していた　　　　　　　　　2　愛したはずだ

3　愛している　　　　　　　　　4　愛しているようだ

20

1　それは　　　　2　また　　　　3　つまり　　　　4　そのうえ

21

1　に言われる　　　2　と言う　　　3　と言われた　　　4　に言わされる

22

1　と思っていたそうだ　　　　　　2　と思ってしまった

3　と思うかもしれない　　　　　　4　と思っているそうだ

問題４　つぎの（１）から（４）の文章を読んで、質問に答えなさい。答えは、１・２・３・４から最もよいものを一つえらびなさい。

（１）

これは、田中部長が社員に送ったメールである。

件名：企画会議の件

　６月15日金曜日に新商品の企画会議を行うことになっています。これまでは、当日にそれぞれが企画書を準備して発表してもらっていましたが、今回より、会議の時間を有効に利用するため、企画書を事前に提出してもらうことにしました。

　提出期限は６月13日水曜日です。資料はＡ４用紙に必ず印刷をして、私の机の上に出しておいてください。

　その中から内容の良かった５名に会議で発表してもらいますが、会議は全員参加してください。取引先を驚かせるような新しいアイデアを待っています。

田中

23　これまでの会議と比べて変わったことは何か。

　１　選ばれた人だけが会議に参加する。

　２　企画が良かった人だけが発表する。

　３　資料の内容を事前に部長にメールする。

　４　アイデアがある人だけが企画書を提出する。

（2）これはヤンさんが日本語の先生に送ったメールである。

ようこ先生へ

　先生、お元気ですか。ヤンです。お久しぶりですね。先生はまだ中国にいらっしゃいますか。私は先月、10年住んだ日本から戻ってきました。母の体調がすぐれず、一緒に住むことになったのです。日本では貿易会社で働いていて、そこで出会った女性と結婚しました。妻は中国語が話せませんから少し大変そうですが、性格が積極的なので、新しい生活を楽しんでいます。私は就職活動をしていますが、なかなか難しく、不安を感じています。先生のお時間があるときにお会いできたらうれしいです。

---

[24]　ヤンさんが不安に思っていることは何か。

1　母親が一人で暮らしていること

2　妻が環境に適応できないこと

3　仕事が決まらないこと

4　日本語を忘れてしまうこと

（3）

　先日、小学生の息子と一緒にクラッシック音楽の演奏会に行った。息子が退屈^{たいくつ}してすぐに帰りたがるのではないかと心配していたが、演奏会が始まると静かに座っていたので、私は大変うれしく思った。クラッシックに興味があるのかもしれな、また一緒に来よう。そう思いながら息子の顔をのぞいてみると、息子は気持ちよさそうに眠っていた。帰る途中^{とちゅう}、息子が「思ったより楽しかった」と言ったので、私は思わず笑ってしまった。

25　「私」はどうして笑ってしまったのか。

　　1　座ったまま寝ている姿がおかしかったから

　　2　音楽に興味があるのがうれしかったから

　　3　聞いていなかったのに楽しかったと言ったから

　　4　また一緒に行く約束をしたから

（4）

　日本に来て、不思議に思ったことがあります。ある日、私が道を歩いていると、自動
販売機を見つけました。珍しかったので、ジュースを一本買いました。それを飲みながら
歩いていると、まだ飲み終わらないうちに、また自動販売機がありました。だれがこんな
に飲むのだろう、日本人はそれほどお茶やジュースが大好きなのだろうかと思いました。
日本人の友達にこのことを質問したら、「さあ、店が少ないからかなあ」と言いました。

26　　このこととは何か。

　　1　日本人はなぜお茶やジュースが好きなのか。

　　2　日本にはなぜ自動販売機が多いのか。

　　3　日本にはなぜ珍しいジュースが多いのか。

　　4　日本にはなぜ飲み物を売る店が少ないのか。

問題5 つぎの（1）と（2）の文章を読んで、質問に答えなさい。答えは、1・2・3・4から最もよいものを一つえらびなさい。

（1）

　私には、自分の店を持つという夢がありました。けれど、会社で数年間働いて必要なお金が貯まった後も、ずっと悩んでいました。なぜなら、会社を辞めて自分で店を始めても、きちんと利益を出せる自信がなかったからです。そんな私の背中を押してくれたのは一冊の本でした。その本には、心のままに生きることの重要さが書いてありました。

　人は多くの時間を仕事に費やしています。だから、仕事で幸せを感じることが、自分の人生を幸せにする一番の近道なのです。そのことに気がついた私は、ようやく思い切って会社を辞めることができました。そして今、店を始める準備をしています。

　現代の社会は心も体も疲れている人がたくさんいます。そんな人たちに喜んでもらえるような店です。小さな喫茶店ですが、お客さんの話を丁寧に聞いて、一人一人の体の状態に合ったお茶をアドバイスしたり、気持ちを安定させる音楽をかけたり、来る人の心と体をリラックスさせたいと思っています。

27 悩んでいましたとあるが、なぜ悩んでいたのか。

1 どんな店を開けばいいか分からなかったから

2 必要な資金が貯まるかどうか不安だったから

3 仕事が決まらないことが心配だったから

4 店が失敗することが不安だったから

28 この店でできることは何か。

1 体調に合ったお茶を飲むことができる。

2 専門家に悩みを相談することができる。

3 好みの音楽をかけてもらうことができる。

4 疲れを取るための商品を買うことができる。

29 この文章を書いた人の考えと合っているものは何か。

1 人生で最も重要なことは仕事だ。

2 仕事に多くの時間を使うべきではない。

3 幸せを感じる仕事をすることが大切だ。

4 仕事以外の幸せを見つけるべきだ。

（2）

　日本には古くから、虫の声を楽しむ文化があります。秋の夜に美しい声で鳴く虫たちに、ああ、また秋が来たかと、新しい季節の訪れを感じるのです。「虫の声を聞く会」も人気が高く、ところどころで行われます。ところが、<u>そういう文化</u>は日本独特のもので、世界では珍しいのだそうです。また、夏には多くの子供（こども）たちが山や林に入って虫を取る風景が見られますが、虫を飼って育てるという行為を理解できない国の人も多いと言います。

　虫に対する感覚は文化によって様々です。虫を貴重な食料としている国もありますが、これまではあまり多くありませんでした。どころが近年、その認識（にんしき）は少しずつ変わってきています。食料としての虫の価値が注目されてきているのです。虫は食料の不足を補（おぎな）う貴重なものとして認識（にんしき）されつつあり、特に環境に関心のある若い世代に受け入れられています。動物よりも簡単に増やせる上に、環境にもやさしいと考えられているのです。

　今後ビジネスとしても大きな可能性がありそうですが、秋の夜を楽しむ私たちの文化は消えないでいてほしいものです。

30 <u>そういう文化</u>とは何か。

1　虫をペットとして飼う文化

2　虫の鳴き声を鑑賞する文化

3　秋になると虫取りをする文化

4　虫に高い値段をつけて売る文化

31 虫に対する認識はどのように変わってきたか。

1　大切に保護するべきと考えられるようになった。

2　動物のえさとして注目されるようになった。

3　食べ物として価値があると考えられるようになった。

4　趣味として育てることを楽しむ人が増えた。

32 筆者の考えと同じものは何か。

1　世界中で虫をかわいがる文化が広まってほしい。

2　虫のビジネスとしての可能性を楽しみにしている。

3　虫を食べる文化が広がっていくのは残念だ。

4　虫の声を楽しむ文化が残ってほしい。

問題6 つぎの文章を読んで、質問に答えなさい。答えは、1・2・3・4から一つ最もよいものをえらびなさい。

　先日、取引先に向けての企画の発表会がありました。担当は後輩の田中さんでしたが、当日けがをして、会社を休んでしまいました。この日のために一生懸命指導してきた私は、正直とてもいらいらしました。こんな大事な時にどうしてもっと気をつけないの、と思ったからです。でも、あの男性のことを思い出して、① 反省しました。

　あの男性とは私が15年前に偶然会った男性です。当時、私は20才でした。大事な試験に向かう途中だったのですが、突然激しい腹痛をおこし、道に座ったまま動けなくなってしまったのです。「ああ、② もう間に合わない。今年の受験はもう無理か。」とあきらめかけたところへ、30代ぐらいの男性が声をかけてくれました。「救急車を呼びましょうか。」という男性の申し出を断ると、男性は私に症状を聞き、薬局に走って行きました。男性は薬と水、そして温かい缶のお茶を手に戻ってきましたが、それを私に手渡すと、すぐに立ち去りました。少し休んで良くなった私は無事に試験を受けることができました。しかし、連絡先も名前も聞くことができなかったため、きちんとしたお礼を言うこともできませんでした。私はあの時の男性に本当に感謝しています。けれど、それを伝えることができなかったのが、ずっと気になっていました。それで、1年前にふと思いついて、その気持ちを③ 文章にして、新聞社にメールで送ったのです。私の文章は記事になり、新聞にのりました。私の④ 小さな期待が現実になったかどうかは分かりません。

　よく、人間の記憶はいい記憶よりも悪い記憶のほうが頭に残りやすい、と言います。嫌な記憶を残すことによって、また同じことが起こらないように人間を守ろうとする脳の働きだそうです。けれど私が思い出すのはいつも、男性にもらったお茶の温かさとその時の温かい気持ちです。私はこれからもきっとその時の温かさを忘れないと思います。そして、私もその男性のようにいつも他人に温かい気持ちを持てる人間になろうと思います。

33 ① 反省しましたとあるが、私は何を反省したのか。

1 田中さんを傷つけてしまったこと

2 田中さんに発表を担当させたこと

3 田中さんに腹を立てたこと

4 田中さんをうまく指導できなかったこと

34 ② もう間に合わないと思った理由は何か。

1 体の調子が悪くなったから

2 交通事故を起こしたから

3 困っている人を助けたから

4 道に迷ってしまったから

35 「私」が送った ③ 文章のタイトルとして一番ふさわしいものは何か。

1 「あきらめなければ夢はかなう」

2 「試験の時に気をつけてほしいこと」

3 「楽しかった20才の思い出」

4 「言えなかったありがとうを伝えたい」

36 ④ 小さな期待の内容に合っているものは何か。

1 あの男性にまた会えるかもしれない。

2 あの男性が読んでくれるかもしれない。

3 新聞に文章がのるかもしれない。

4 試験に合格するかもしれない。

問題7　　右のページはある旅行会社が出した「ツアー旅行の案内」である。これを読んで、
下の質問に答えなさい。答えは、1・2・3・4から最もよいものを一つえらびなさい。

37　吉田さんは子供と一緒に旅行に行く予定だ。大人1人、子供2人で行く場合、一
　　　番安く行けるツアーではいくらかかるか。

　　　1　10,000円

　　　2　12,000円

　　　3　14,000円

　　　4　15,000円

38　吉田さんは東京駅から出発する赤山農園の体験旅行に申し込んだ。このツアーを
　　　説明した内容として、正しいものは何か。

　　　1　この体験ツアーは、畑で好きなだけいちごを採ることができますが、採った分
　　　　　は重さを計って買う必要があります。

　　　2　この体験ツアーは、いちごのお土産が1人1パックもらえます。内容は違いま
　　　　　すが、子供も食事が提供されます。

　　　3　この体験ツアーは、いちごを採る体験だけでなく、それを使った美味しいケー
　　　　　キ作りをするのが特徴です。

　　　4　この体験ツアーは、時間無制限で好きなだけいちごを採って食べられる上に、
　　　　　子供料金が一番安いので子供連れに人気のツアーです。

12月～2月出発 さくら旅行社 いちご農園体験

さくら旅行社では、皆さまに今の季節にぴったりな体験型バス旅行をご用意しました。ぜひ、ご家族やご友人とご参加ください。

南農園
・お昼ご飯は牛肉弁当。夕食なし
・制限時間は30分で、新鮮ないちごを自由に採って食べられます。

太田農園
・太田レストランで使える食事券1人1,000円分をプレゼント
・制限時間はありません。どれだけ採ってもいいですが、採ったいちごは100g 300円で買ってから、農園の外の休憩所で食べてください。

赤山農園
・昼食：高級寿司
・おやつ：手作りアイスクリーム
・制限時間は30分で、農園の中ではお好きなだけ食べられます。
・お土産：1人1パック

	出発地	出発時間	到着予定時間	料金
① 南農園	東京駅	09:00	16:00	5,000円
② 太田農園	東京駅	09:30	18:30	5,000円
③ 赤山農園A	横浜駅	09:30	19:00	7,000円
④ 赤山農園B	東京駅	10:30	18:00	6,000円

※ 子供料金：① 大人と同料金　② 1,000円引き
　　　　　　③④ 大人料金の半額（食事は子供用の別の料理になります）

N3

聴解

（40分）

注　意
Notes

1. 試験が始まるまで、この問題用紙を開けないでください。
   Do not open this question booklet until the test begins.

2. この問題用紙を持って帰ることはできません。
   Do not take this question booklet with you after the test.

3. 受験番号と名前を下の欄に、受験票と同じように書いて
   ください。
   Write your examinee registration number and name clearly in each box below as written on your test voucher.

4. この問題用紙は、全部で13ページあります。
   This question booklet has 13 pages.

5. この問題用紙にメモをとってもいいです。
   You may make notes in this question booklet.

受験番号 Examinee Registration Number	

名前 Name	

問題 1

　問題1では、まず質問を聞いてください。それから話を聞いて、問題用紙の1から4の中から、最もよいものを一つえらんでください。

れい

1　8時45分

2　9時

3　9時15分

4　9時30分

1 ばん

1 800円
2 1,000円
3 1,100円
4 1,300円

2 ばん

1 美術館
2 映画館
3 水族館
4 動物園

3ばん

1 資料のコピーをする
2 資料作りを手伝う
3 昼食をとる
4 部長のところへ行く

4ばん

1 白いコート
2 茶色いコート
3 スカートとコート
4 靴とスカートとコート

5 ばん

1 2日（ふつか）

2 3日（みっか）

3 4日（よっか）

4 5日（いつか）

6 ばん

1
| 午前8時半集合（ごぜん　じ　はんしゅうごう） |
| 6時終了（じ　しゅうりょう） |
| 駐車場なし（ちゅうしゃじょう） |
| キャンセル返金なし（へんきん） |

2
| 午前11時集合（ごぜん　じ　しゅうごう） |
| 5時終了（じ　しゅうりょう） |
| 駐車場なし（ちゅうしゃじょう） |
| キャンセル料なし（りょう） |

3
| 午前8時半集合（ごぜん　じ　しゅうごう） |
| 5時終了（じ　しゅうりょう） |
| 駐車場あり（ちゅうしゃじょう） |
| キャンセル返金なし（へんきん） |

4
| 午前11時集合（ごぜん　じ　しゅうごう） |
| 6時終了（じ　しゅうりょう） |
| 駐車場あり（ちゅうしゃじょう） |
| キャンセル料金500円（りょうきん　えん） |

問題2

問題2では、まず質問を聞いてください。そのあと、問題用紙を見てください。読む時間があります。それから話を聞いて、問題用紙の1から4の中から、最もよいものを一つえらんでください。

れい

1 いそがしくて時間がないから

2 料理がにがてだから

3 ざいりょうがあまってしまうから

4 いっしょに食べる人がいないから

1ばん

1 数学
2 英語
3 国語
4 英語と国語

2ばん

1 顔も性格も母
2 顔は母、性格は父
3 顔も性格も父
4 顔は父、性格は母

3 ばん

1 工場を作っている

2 責任者として働いている

3 食品の開発をしている

4 商品の営業をしている

4 ばん

1 娘のこと

2 お金のこと

3 健康のこと

4 仕事のこと

5ばん

1 印象に残らないから

2 費用がかかるから

3 時代に合っていないから

4 去年の企画に似ているから

6ばん

1 1日1回　夜寝る前に飲む

2 1日2回　朝食と昼食の後に飲む

3 1日1回　夕食後に飲む

4 1日2回　朝食と夕食の後に飲む

問題 3

問題3では、問題用紙に何もいんさつされていません。この問題は、ぜんたいとしてどんななないようかを聞く問題です。話の前に質問はありません。まず話を聞いてください。それから、質問とせんたくしを聞いて、1から4の中から、最もよいものを一つえらんでください。

－ メモ －

問題4

問題4では、えを見ながら質問を聞いてください。やじるし（➡）の人は何と言いますか。
1から3の中から、最もよいものを一つえらんでください。

れい

1 ばん

2 ばん

3 ばん

4 ばん

問題 5

問題 5 では、問題用紙に何もいんさつされていません。まず文を聞いてください。それから、そのへんじを聞いて、1 から 3 の中から、最もよいものを一つえらんでください。

ーメモー

JLPT FINAL TEST N3

파이널 테스트 2회

N3 파이널 테스트 채점표

자신의 실력이 어느 정도인지 확인할 수 있도록 임의적으로 만든 채점표입니다.
실제 시험은 상대 평가 방식이므로 오차가 발생할 수 있습니다.

언어지식 (문자·어휘·문법)

	회	배점	만점	정답 문항 수	점수
문자·어휘	문제 1	1점×8문항	8		
	문제 2	1점×6문항	6		
	문제 3	1점×11문항	11		
	문제 4	1점×5문항	5		
	문제 5	1점×5문항	5		
문법	문제 1	1점×13문항	13		
	문제 2	1점×5문항	5		
	문제 3	1점×4문항	4		
합계			57점		

*점수 계산법 : 언어지식(문자·어휘·문법) [　　　]점÷57×60 = [　　　]점

독해

	회	배점	만점	정답 문항 수	점수
독해	문제 4	3점×4문항	12		
	문제 5	4점×6문항	24		
	문제 6	4점×4문항	16		
	문제 7	4점×2문항	8		
합계			60점		

청해

	회	배점	만점	정답 문항 수	점수
청해	문제 1	2점×6문항	12		
	문제 2	2점×6문항	12		
	문제 3	3점×3문항	9		
	문제 4	2점×4문항	8		
	문제 5	2점×9문항	18		
합계			59점		

*점수 계산법 : 청해 [　　　]점÷59×60 = [　　　]점

N3

げんごちしき（もじ・ごい）

（30ぷん）

ちゅうい
Notes

1. しけんが はじまるまで、この もんだいようしを あけないで ください。
   Do not open this question booklet until the test begins.

2. この もんだいようしを もって かえる ことは できません。
   Do not take this question booklet with you after the test.

3. じゅけんばんごうと なまえを したの らんに、じゅけんひょうと おなじように かいて ください。
   Write your examinee registration number and name clearly in each box below as written on your test voucher.

4. この もんだいようしは、ぜんぶで 7ページ あります。
   This question booklet has 7 pages.

5. もんだいには かいとうばんごうの 1 、 2 、 3 …が ついて います。
   かいとうは、かいとうようしに ある おなじ ばんごうの ところに マークして ください。
   One of the row numbers 1 , 2 , 3 … is given for each question. Mark your answer in the same row of the answer sheet.

じゅけんばんごう Examinee Registration Number	

なまえ Name	

問題1 _____ のことばの読み方として最もよいものを、1・2・3・4から一つえらびなさい。

1　今から木村<ruby>木村<rt>きむら</rt></ruby>先生の<u>講演</u>を始めます。

  1　こうぎ　　　　2　こうし　　　　3　こえん　　　　4　こうえん

2　新しい家の<u>隣</u>に有名な人が住んでいます。

  1　むかい　　　　2　となり　　　　3　よこ　　　　4　うしろ

3　息子は山に<u>囲まれた</u>小さい村で生まれました。

  1　つまれた　　　　2　さまれた　　　　3　かこまれた　　　　4　つかまれた

4　<u>衣類</u>はあそこの赤い箱の中に入れてください。

  1　いるい　　　　2　いぬい　　　　3　うるい　　　　4　うぬい

5　春になって白い<u>色</u>の花が咲きました。

  1　におい　　　　2　いろ　　　　3　あじ　　　　4　かたち

6　銀行でドルを円に<u>両替</u>した。

  1　しゃっきん　　　　2　かいけい　　　　3　りょうかえ　　　　4　りょうがえ

7　新しくできたスーパーは家から<u>遠い</u>ので不便です。

  1　とおい　　　　2　おそい　　　　3　ちかい　　　　4　ふかい

8　すぐ<u>緊張</u>するタイプなので、スピーチの前にはどきどきしています。

  1　かくちょう　　　2　きんちょう　　　3　ぎんちょう　　　4　しゅちょ

問題2 _____のことばを漢字で書くとき、最もよいものを、1・2・3・4から一つえらびなさい。

9 新しいパソコンは使い方がふくざつでうまく使えない人が多い。

　　1　副雑　　　　　2　福雑　　　　　3　復雑　　　　　4　複雑

10 今日はいそがしくて、この時間まで何も食べていません。

　　1　忘しくて　　　2　亡しくて　　　3　忙しくて　　　4　乏しくて

11 この町のめんせきは思ったより広くなかった。

　　1　面接　　　　　2　面積　　　　　3　面買　　　　　4　面責

12 クラスみんながおうえんしてくれてとてもうれしいです。

　　1　支援　　　　　2　皮援　　　　　3　応援　　　　　4　広援

13 黒いスーツに白いよごれがつきました。

　　1　流れ　　　　　2　濁れ　　　　　3　染れ　　　　　4　汚れ

14 もっていた時計がこわれたのですてました。

　　1　捨てました　　2　拾てました　　3　投てました　　4　握てました

問題3 （　　　　　　）に入れるのに最もよいものを、1・2・3・4から一つえらびなさい。

15 ゼミ旅行の宿泊を予約する仕事は本田先輩が（　　　　　　）くれました。

1 働いて　　　　　2 引き受けて　　　3 役立って　　　4 受かって

16 友人から結婚式の（　　　　　　）の手紙が届きました。

1 招待　　　　　　2 証明　　　　　　3 期待　　　　　　4 提案

17 学校前の花屋の店員はいつも（　　　　　　）していて、見ているとわたしも気分がよくなります。

1 どきどき　　　　2 いらいら　　　　3 のろのろ　　　　4 にこにこ

18 会社と自宅に新聞が毎朝（　　　　　　）されています。

1 配送　　　　　　2 直送　　　　　　3 配達　　　　　　4 発達

19 お昼は洋食にするか和食にするかまだ（　　　　　　）います。

1 まよって　　　　2 まちがって　　　3 かって　　　　　4 いって

20 この眼鏡はパソコンから出ている青い光から目を（　　　　　　）くれるそうです。

1 とじて　　　　　2 あけて　　　　　3 そらして　　　　4 まもって

21 うちの犬は家ではうるさいですが、外に出ると（　　　　　　）なります。

1 こいしく　　　　2 したしく　　　　3 おとなしく　　　4 なつかしく

22 ずっと同じ（　　　　　　）で座っていたら肩と腰が痛くなりました。

1 様子　　　　　　2 姿勢　　　　　　3 印象　　　　　　4 間隔

23 忘れる前に（　　　　　）メモをしておいてください。

　　1　しっかり　　　　2　うっかり　　　　3　はっきり　　　　4　そっくり

24 （　　　　　）があるので、牛乳を使った料理はまったく食べません。

　　1　エネルギー　　　2　アレルギー　　　3　クリア　　　　　4　キープ

25 ゴミは中が分かるように、（　　　　　）ふくろに入れて入り口に出してください。

　　1　とうめいな　　　2　がんじょうな　　3　まっくろな　　　4　まっかな

問題4 _____ に意味が最も近いものを、1・2・3・4から一つえらびなさい。

26 今回の新商品は人気が高く、すぐ売り切れた。

1 全部売れた　　　　　　　　　2 全然売れなかった

3 だんだん売れるようになった　　4 よく売れた

27 失敗してもやめないで何回もちょうせんしたら、やっとできるようになりました。

1 アクセス　　　2 チャレンジ　　　3 オープン　　　　4 セット

28 前を走っていた車がいきなり止まってぶつかってしまいました。

1 うっかり　　　2 初めに　　　3 いつのまにか　　4 突然

29 急に知らない人に声をかけられて、びっくりしました。

1 おぼえました　　　　　　　　2 おこりました

3 おどろきました　　　　　　　4 おしえました

30 最近人口が減少してきて、だれもすんでいない空き家が増えています。

1 人が多くなって　　　　　　　2 人が少なくなって

3 家が多くなって　　　　　　　4 家が少なくなって

問題5　つぎのことばの使い方として最もよいものを、1・2・3・4から一つえらびなさい。

31 かざる

1　田中さんの部屋は、いろいろな動物の写真がかざってありました。

2　傘をかざったままで自転車を運転するのは危ないです。

3　このベビーいすはテーブルにかざれるので便利です。

4　降りるときはこの赤いボタンをかざってお知らせください。

32 割引

1　若者が都会に出ていくので、村の人口が割引になっている。

2　この美術館は団体で見学を申し込むと、料金が割引になる。

3　ジョギングを始めてから、体重が少し割引になってきた。

4　最近、仕事が忙しくて寝る時間が割引になっている。

33 観察

1　博物館の観察ツアーは、事前のご予約が必要となります。

2　花火を観察するために集まった人たちが1,000人を超えるそうです。

3　自然も注意深く観察していると、おもしろい発見があるものです。

4　このサイトでは川越市の観察スポットガイドやコンベンション情報などをのせています。

34 ゆたかに

1 最初の計画どおりに家づくりは<u>ゆたかに</u>すすんでいます。

2 田舎で暮らすと<u>ゆたかに</u>目がよくなるそうです。

3 食事の後、父と山道を<u>ゆたかに</u>歩いてみました。

4 町を<u>ゆたかに</u>するためにいろんな活動を行っています。

35 滞在（たいざい）

1 あと一ヶ月間、出張でアメリカに<u>滞在</u>（たいざい）する予定です。

2 京都（きょうと）行きの電車は、反対側のホームに<u>滞在</u>（たいざい）している。

3 もう遅くなったので、この町で<u>滞在</u>（たいざい）していきませんか。

4 何日間降りつづけた雨のせいで、工場の機械が<u>滞在</u>（たいざい）してしまいました。

N3

言語知識（文法）・読解

（70分）

注　意
Notes

1. 試験が始まるまで、この問題用紙を開けないでください。
   Do not open this question booklet until the test begins.

2. この問題用紙を持って帰ることはできません。
   Do not take this question booklet with you after the test.

3. 受験番号と名前を下の欄に、受験票と同じように書いて
   ください。
   Write your examinee registration number and name clearly in each box below as written on
   your test voucher.

4. この問題用紙は、全部で18ページあります。
   This question booklet has 18 pages.

5. 問題には解答番号の 1 、 2 、 3 …が付いています。解答は、
   解答用紙にある同じ番号のところにマークしてください。
   One of the row numbers 1 , 2 , 3 … is given for each question. Mark your answer in the same
   row of the answer sheet.

受験番号 Examinee Registration Number	

名 前 Name	

問題1 つぎの文の（　　　　）に入れるのに最もよいものを、1・2・3・4から一つえらびなさい。

1 当銀行の営業時間は午後3時までですので、それ以降の入金（　　　　）、ATMをご利用ください。

　　1 では　　　　　　2 でも　　　　　　3 には　　　　　　4 にも

2 天気予報に（　　　　）、明日の朝は大雪になるそうです。それで、バスや電車が動かない場合は、学校は休みです。

　　1 よると　　　　　2 くらべて　　　　3 聞くと　　　　　4 とって

3 アルバイト「店長、熱があるので、今日は（　　　　）休みたいんですが…。」
　　店長「今日はわたしがいるので、いいよ。お大事に。」

　　1 できれば　　　　2 なるほど　　　　3 こんなに　　　　4 もし

4 A「きのうの交流会、何人ぐらい来たの？ 30人ぐらい来たの？」
　　B「えっ？（　　　　）は来ていないよ。」

　　1 こんなに　　　　2 そんなに　　　　3 あのぐらい　　　4 そのように

5 もう大学4年生なのに、卒業後、何が（　　　　）まだ決めていない。

　　1 してほしいか　　2 しているのか　　3 したいのか　　　4 できたのか

6 明日はみんなで一緒に博物館に行くので、10時（　　　　）ここに集まってくださいね。

　　1 あいだに　　　　2 あとに　　　　　3 うちに　　　　　4 までに

7 どんなに一生懸命働いても、生活は楽に（　　　　）と思う。

　　1 なるだろう　　　　　　　　　　　2 なるかもしれない

　　3 ならないだろう　　　　　　　　　4 ならなければならない

8 A「あのう、鈴木先生に（　　　　　）んですが、いらっしゃいますか。」

B「はい。でも、鈴木先生は今ほかの学生と話していらっしゃいます。」

1　いただきたい　　　　　　　　　2　お会いになりたい

3　まいりたい　　　　　　　　　　4　お目にかかりたい

9 A「本田さんのご主人は何を（　　　　　）いるんですか。

B「うちの夫は大学で日本語を教えています。」

1　もうしあげて　　2　おっしゃって　　3　いたして　　　　4　なさって

10 たとえ一年間の休暇が（　　　　　）、旅行は行けなかっただろう。

1　取れたとしても　2　取ったため　　　3　取れたかどうか　4　取ったり

11 難しい問題は（　　　　　）、解決方法が分からなくなることがある。

1　考えると考えるより　　　　　　2　考えれば考えるはず

3　考えるかぎり　　　　　　　　　4　考えれば考えるほど

12 最近疲れやすく、朝起きてもなかなか疲れが取れないので、タバコを

（　　　　　）と思います。

1　すいすぎにしよう　　　　　　　2　やめることにしよう

3　やめることになろう　　　　　　4　すうことにしよう

13 A「昨日の留学生交流会はどうでしたか。」

B「とても楽しかったですよ。あなたも（　　　　　）。」

1　来るならいいのに　　　　　　　2　来ればよかったのに

3　来られるならいいのに　　　　　4　来られればいいのに

問題2　つぎの文の＿★＿に入れる最もよいものを、1・2・3・4から一つえらびなさい。

（問題例）

つくえの ＿＿＿ ＿＿＿ ＿★＿ ＿＿＿ あります。

1 が　　　　　2 に　　　　　3 上　　　　　4 ペン

（解答のしかた）

1. 正しい答えはこうなります。

つくえの ＿＿＿ ＿＿＿ ＿★＿ ＿＿＿ あります。

3 上　2 に　4 ペン　1 が

---

2. ＿★＿ に入る番号を解答用紙にマークします。

（解答用紙）（例） ① ② ③ ●

14　数学を ＿＿＿ ＿＿＿ ＿★＿ ＿＿＿ 進学を決めた。

1　勉強すればするほど　　　　　2　数学科への

3　と思うようになって　　　　　4　もっと勉強したい

15　新しく買ったくつは試着して ＿＿＿ ＿＿＿ ＿★＿ ＿＿＿ 不安です。

1　ので　　　　2　いない　　　　3　合うか　　　　4　サイズが

16　Ａ「杉本さんは料理が作れますか。」

　　Ｂ「はい、わたしは料理を作るのは好きですが、　まだ ＿＿＿＿ ＿＿＿＿

　　　＿＿＿★＿ ＿＿＿＿。」

　1　母ほど　　　　　2　には　　　　　　3　作れません　　4　上手

17　母が買ってきたぼうしは ＿＿＿＿ ＿＿＿＿ ＿★＿＿ ＿＿＿＿ いました。

　1　きれいな　　　　2　して　　　　　　3　色を　　　　　4　とても

18　このパンは作り方が ＿＿＿＿、＿＿＿＿ ＿★＿＿ ＿＿＿＿ と思います。

　1　すぐできるそうなので　　　　　2　一度作ってみよう

　3　とても簡単で　　　　　　　　　4　初めての人でも

問題3 つぎの文章を読んで、文章全体の内容を考えて、 19 から 23 の中に入る最もよいものを、1・2・3・4から一つえらびなさい。

わたしの趣味

　わたしは車が大好きで、特に一人でドライブをすることが好きです。

　毎日仕事で忙しい日々ですが、少し暇ができると、一人で目的地も決めずに、車で 19 。走りながら、その日の気分によって行き先を決めます。わたしは東京に住んでいるのですが、行き先は近郊にある、温泉で有名な箱根などが多いです。時々海が見たいときは港の方へ行くときもあります。 20 、連休や長い休みになると、もう少し遠くまで行きます。もちろんいつも一人です。車の中で好きな音楽をかけて景色を見ながらドライブするのはとても気持ちがよく、 21 。

　わたしは車を運転することと、いつもと少し違う場所に行って、その景色やその土地の食べ物などを楽しむことが好きです。わたしのこの趣味が理解できない人には、目的なく車を走らせることが「エネルギー資源の無駄遣い」に見えるかもしれませんが、これがわたしにとって 22 。

19

1 出かけたりします

2 出かけたことがあります

3 出かけるそうです

4 出かけるようです

20

1 たとえば　　　2 また　　　　　3 そのため　　　4 では

21

1 ストレス解消_{かいしょう}にします

2 ストレス解消_{かいしょう}にならないそうです

3 ストレス解消_{かいしょう}になるでしょう

4 ストレス解消_{かいしょう}にもなります

22

1 一番楽しかったです

2 一番楽しいかもしれません

3 一番の楽しみなのです

4 一番の楽しみだろうと思います

問題4 つぎの（1）から（4）の文章を読んで、質問に答えなさい。答えは、1・2・3・4から最もよいものを一つえらびなさい。

（1）

これは、留学生のワンさんが大学の掲示板にはった募集広告である。

部屋を使いたい人はいませんか。

大学の夏休み期間（7月18日〜9月18日）に部屋を使いたい人を募集します。

・入居は7月17日以降に可能です。

・家賃は1週間に付き1万円ですが、1か月以上借りる場合は5千円安くします。

・駅から徒歩10分、大学からは徒歩5分の距離でとても便利です。

・水道、ガス、電気代込みの値段ですが、節電、節水をお願いします。

・部屋にはピアノもあります。

（弾く場合は朝9時から夜9時まで。窓を閉めてください）

ご興味がある方は、ぜひご連絡ください。なお、女性に限らせていただきます。

06−8562−0061　ワン

---

23 この掲示物の内容に合っていないものは何か。

1　ピアノは決められたルールを守れば弾くことができる。

2　家賃に加えて、光熱費を払わなければならない。

3　この部屋を借りることができるのは、女の人だけだ。

4　部屋は夏休みが始まる前日から入居できる。

（2）

これは小学校の保護者会について書かれたプリントである。

保護者の方へご案内

　いつも、本校の教育へご理解・ご協力ありがとうございます。さて、下記の日程で保護者会を行います。お忙しいとは思いますが、ぜひご出席いただけますようお願い申し上げます。

　1　日にち　12月5日（月）

　2　時間　　1・2年生　14：00～14：50

　　　　　　　3・4年生　15：00～15：50

　　　　　　　5・6年生　16：00～16：50

　3　場所　　格教室

　4　保護者会の内容

　　　・音楽発表会について

　　　・冬休みの過ごし方と宿題について

　5　注意すること

　　　・履き物を入れる袋を持ってきてください。

　　　・自動車での来校はご遠慮^{えんりょ}ください。

24　保護者会について正しいものは何か。

　　1　履いてきた靴は、持ってきた袋に入れる。

　　2　保護者会は学年ごとに分かれて行われる。

　　3　保護者会では冬休みをどのように過ごしたかを話し合う。

　　4　車で来る場合は、必ず指定の駐車場を利用する。

（3）

　私は最近、父の変化にとても驚いています。父は体重を減らす必要がありましたが、これまで、医者から何度運動するように言われても、決して聞きませんでした。その父を変えたのは、私の息子、つまり、孫の存在です。父は運動が大嫌いなので、やせるように言われるたびに食事を減らしていたのですが、そうすると体力まで落ちて疲れやすくなり、いつも失敗に終わるのです。ところが、最近野球チームに入った息子が父に練習相手をお願いすると、父は喜んで毎日一緒に練習するようになったのです。

25　「私」はどうして驚いたのか。

　　1　父が医者の言うことを全く聞かないこと

　　2　父が孫と同じ野球チームに入ったこと

　　3　父が運動するようになったこと

　　4　父が最近疲れやすくなったこと

（4）

　私の家の朝ごはんはおいしい。それは、家族のルールがあるからだ。私は学校が終わってから遅くまでサッカーの練習をしている。兄は大学の友達と遊んだり、アルバイトをしたりしている。母は趣味の料理教室に通っていて、父は遅くまで働いて、帰りにお酒を飲んでくることもある。家族の生活がばらばらだから、朝ごはんだけはゆっくり一緒に食べることが決まりになっている。だから、母は朝ごはんに一番力を入れているのだ。

26　「私」の家の朝ごはんがおいしい理由は何か。

　　1　朝ごはんを食べる前に、みんなで運動をするから

　　2　母が料理教室に通っているから

　　3　それぞれが好きなものを食べられるから

　　4　母が朝ごはんを一番一生懸命作るから

問題5　つぎの（1）と（2）の文章を読んで、質問に答えなさい。答えは、1・2・3・4から最もよいものを一つえらびなさい。

（1）

　私の姉は毎日化粧をして会社に行きます。姉によると、化粧は社会人として必要なエチケットで、相手に対する礼儀なのだそうです。私は高校生ですが、化粧は学校で禁止されています。高校の規則では禁止なのに、どうして社会人には礼儀として求められるのだろう。そう疑問に思った私は、化粧について調べてみることにしました。

　化粧の起源は顔を赤く塗って、病気などの悪いものが体に入ってこないようにすることだったそうです。そして、男女関係なく化粧をしたそうです。今は化粧は肌をきれいに見せたり、顔色をよくして健康的に見せたりするためにしますが、それによって、相手にきちんとしている人、信頼できる人という印象を与えたりすることができるそうです。私はなるほどと思いました。つまり、化粧は自分にとっても相手にとってもいいことで、だから姉は化粧をするのです。それを知って、それなら、むしろ高校生にも積極的に化粧をさせたほうがいいと思いました。けれど母は「小さい子供が化粧しないのと同様、あなたたちにも必要ないのよ」と、私の意見に賛成してくれませんでした。

27 <u>それ</u>とはどんなことか。

1　化粧の方法

2　化粧の歴史

3　化粧の原料

4　化粧の効果

28 この文章を書いた人はなぜ化粧について調べたのか。

1　社会人の化粧がマナーである理由を知るため

2　社会人の礼儀（れいぎ）について詳しく知るため

3　化粧の歴史について学ぶため

4　姉に化粧の楽しさを教えてあげるため

29 この文章の内容と合っているものは何か。

1　母は化粧に対して私と同じ考えだ。

2　私は高校の規則に納得した。

3　私は姉が化粧をする理由を理解した。

4　姉は社会人のマナーに疑問を持っている。

（2）

　北海道の小さな町に、北川動物園という小さな動物園があります。とても便利とは言えない位置にある動物園ですが、最近急に来客数が増えたそうです。ここは小型動物の種類が豊富なことが一番大きな特徴でしたが、交通の不便さが原因で訪れる人はなかなか増えませんでした。困った園長が珍しい動物を海外から輸入したこともありましたが、あまり効果は見られませんでした。

　それが、急に人気になったその秘密は、スタッフにあります。実は北川動物園では2年前から動物の世話をするスタッフの毎日をインターネット上のサイトで公開しています。彼らが悩んだり、迷ったり、泣いたり、笑ったりしながら成長していく様子が共感を呼び、動物園を訪れる人が少しづつ増えていきました。そして昨年、ついにドキュメンタリー番組でも取り上げられたのです。

　その後、彼らに直接会って応援しようと、多くの人が動物園を訪れるようになり、今では北海道で一番人気の動物園になっているそうです。

30 この動物園を訪れる人が少なかった理由は何か。

1 大型動物の数が少ないから

2 外国の動物がいないから

3 行きにくい場所にあるから

4 入場料が高いから

31 客が増えたきっかけは何か。

1 動物園を便利な場所に移転したこと

2 動物の世話係の様子を公開したこと

3 動物の赤ちゃんが成長する様子を見せたこと

4 テレビで動物園のコマーシャルを流したこと

32 この文章につけるタイトルとして正しいものは何か。

1 北川動物園の成功までの道

2 北川動物園のスタッフの紹介

3 北川動物園のこれからの目標

4 北川動物園の世話係を応援する方法

2
回

問題6　つぎの文章を読んで、質問に答えなさい。答えは、1・2・3・4から一つ最もよいものをえらびなさい。

　きのう、小学校1年生の娘が学校から帰ってきたので、「おかえり。連絡ノートを出してね」と言いました。娘が、連絡ノートをかばんの中から取り出したとき、かばんの中から見たことのない新しい色鉛筆が出てきました。私は娘に、「それ、どうしたの？」と言いました。娘はしばらく黙ったあとに何か言おうとしていましたが、私は ① それを待てませんでした。

　「間違えて持ってきちゃったんでしょう？」と言いながら、箱の裏を見ると、同じクラスの友達の名前が書いてありました。ぬすんできたわけではないのだなと安心しながら、「お友達に借りて、返さないでそのまま持ってきちゃったの？ お友達、困っているんじゃない？」と言いました。すると、ずっと黙っていた娘がようやく ②「違うよ」と答えました。「何が違うの？」と聞くと、娘は「お母さんは、人の話を聞かないで勝手に決めるから嫌！」と言って、怒って行ってしまいました。

　私は自分の子どものころを思い出しました。一生懸命勉強したのに、テストの点数が悪かったとき、「勉強しないからだ」と父親に怒られて、③ 悔しかったことがあったのですが、娘の表情はそのときの自分に似ていました。

　あとから話を聞くと、その友達と色鉛筆を一日交換したのだそうです。入っている色が少しずつ違ったので、お互いに使ってみたくなったようです。「だったら、そうやって早く言えばいいじゃない」とつい言ってしまいましたが、まだ娘は6歳です。考えたことをうまく伝えられないこともあるのだろうと、あとから考えて、娘に悪いことをしたと思いました。

33　①それを待てませんでしたとあるが、そのときの「私」の気持ちをよく表すのは

何か。

1　早く連絡ノートを見せてほしい。

2　早く質問に答えてほしい。

3　早く色鉛筆を見せてほしい。

4　早く友達に色鉛筆を返したい。

34　②「違うよ」のあとに続くことばとして合っているものは何か。

1　この色鉛筆は友達のではない。

2　私は色鉛筆をぬすんでいない。

3　返し忘れたのではない。

4　お母さんとわたしの考え方は違う。

35　③悔しかったことがあったとあるが、何が悔しかったのか。

1　一生懸命勉強したのに、テストの点数が悪かったこと

2　勉強をしなくて、父親に怒られたこと

3　頑張って勉強したのに、してないと言われたこと

4　勉強しなかったせいで、いい点が取れなかったこと

36　「私」はどうして反省したのか。

1　娘が色鉛筆をぬすんだことを強くしかりすぎたから

2　自分の気持ちをうまく娘に伝えられなかったから

3　娘の言うことを嘘だと疑ったから

4　娘の話をゆっくり聞かなかったから

問題7　　右のページを読んで、下の質問に答えなさい。答えは、1・2・3・4から最もよいものを一つえらびなさい。

37　吉田さんは仕事の帰りに運動ができる施設を橋本駅前で探している。仕事は平日の午後6時に終わり、会社から橋本駅までは30分かかる。1週間に2回、月に7,000円以内で水泳ができるところを希望している。吉田さんの希望に合う施設はいくつあるか。

1　ない　　　　　　2　1　　　　　　　3　2　　　　　　　4　3

38　アリさんは③の橋本市民プールに通っている。この施設について正しいものは何か。

1　施設内で食事をすることは禁止されている。

2　1年を通してすべてのプールを利用できる。

3　週に1回でも毎日でも施設の利用料は同一だ。

4　通常の料金より割引される券がある。

2
回

① ＡＢＣスポーツクラブ

費用	1か月　10,000円
時間	9：00〜21：00
施設	室内プール、シャワー、売店
その他	18：00〜21：00のみ利用できるナイトコースは7,000円です。

② 駅前スポーツジム

費用	1か月　5,000円
時間	24時間営業
施設	運動器具、トレーニングの機械
その他	プールはありません。

③ 橋本市民プール

費用	1回　500円
時間	10：00〜18：30
施設	室内プール、屋外プール　レストラン
その他	10月から5月（冬季）は室内プールのみの営業になります。 11枚4,500円で、回数券も販売しています。受付でお尋ねください。

④ 橋本スポーツセンター

費用	1か月　7,000円
時間	10：00〜24：00
施設	室内プール、ダンススタジオ、シャワー、休憩室
その他	時間内であれば、すべての施設をご自由に利用できます。 休憩室での食事はご遠慮ください。

N3

聴解

（40分）

注　意
Notes

1. 試験が始まるまで、この問題用紙を開けないでください。
   Do not open this question booklet until the test begins.

2. この問題用紙を持って帰ることはできません。
   Do not take this question booklet with you after the test.

3. 受験番号と名前を下の欄に、受験票と同じように書いて
   ください。
   Write your examinee registration number and name clearly in each box below as written on your test voucher.

4. この問題用紙は、全部で13ページあります。
   This question booklet has 13 pages.

5. この問題用紙にメモをとってもいいです。
   You may make notes in this question booklet.

受験番号 Examinee Registration Number	

名　前　Name	

問題1

　問題1では、まず質問を聞いてください。それから話を聞いて、問題用紙の1から4の中から、最もよいものを一つえらんでください。

れい

1　8時45分

2　9時

3　9時15分

4　9時30分

1ばん

1 会議室を予約する

2 昼食を食べる

3 会議をする

4 資料を準備する

2ばん

1 プリンターを修理する

2 技術担当者が訪問する

3 技術担当者が電話をする

4 電話で修理の方法を教える

3ばん

1 伊藤さんに電話をする
2 友達との約束を変える
3 店長に連絡をする
4 サークルの練習に行く

4ばん

1 病院に行く
2 宿題をする
3 夕食を食べる
4 サッカーの練習に行く

5 ばん

1　3,400円

2　2,400円

3　1,000円

4　3,000円

6 ばん

1　仕事をする

2　女の人とご飯を食べる

3　一人でご飯を食べる

4　女の人を待つ

問題2

　問題2では、まず質問を聞いてください。そのあと、問題用紙を見てください。読む時間があります。それから話を聞いて、問題用紙の1から4の中から、最もよいものを一つえらんでください。

れい

1　いそがしくて時間がないから
2　料理がにがてだから
3　ざいりょうがあまってしまうから
4　いっしょに食べる人がいないから

1ばん

1 ピアノ

2 バイオリン

3 ギター

4 ドラム

2ばん

1 気が短くて、すぐ怒る子ども

2 しっかりした子ども

3 よく忘れ物をする子ども

4 まじめで勉強のできる子ども

3 ばん

1 庭があること

2 料理がおいしいこと

3 シェフが有名なこと

4 値段が安いこと

4 ばん

1 仕事が多いから

2 夜遅くまで働くから

3 出張が多いから

4 社長が嫌いだから

5 ばん

1 書類
しょるい

2 携帯電話
けいたいでん わ

3 財布
さい ふ

4 名刺
めい し

6 ばん

1 甘いアイスコーヒー
あま

2 甘くないアイスコーヒー
あま

3 甘いホットコーヒー
あま

4 甘くないホットコーヒー
あま

問題３

　問題３では、問題用紙に何もいんさつされていません。この問題は、ぜんたいとしてどんなないようかを聞く問題です。話の前に質問はありません。まず話を聞いてください。それから、質問とせんたくしを聞いて、１から４の中から、最もよいものを一つえらんでください。

－ メモ －

問題4

問題4では、えを見ながら質問を聞いてください。やじるし（➡）の人は何と言いますか。
1から3の中から、最もよいものを一つえらんでください。

れい

1 ばん

2 ばん

3 ばん

4 ばん

<ruby>問<rt>もん</rt></ruby><ruby>題<rt>だい</rt></ruby>5

　<ruby>問<rt>もん</rt></ruby><ruby>題<rt>だい</rt></ruby>5では、<ruby>問<rt>もん</rt></ruby><ruby>題<rt>だい</rt></ruby><ruby>用<rt>よう</rt></ruby><ruby>紙<rt>し</rt></ruby>に<ruby>何<rt>なに</rt></ruby>もいんさつされていません。まず<ruby>文<rt>ぶん</rt></ruby>を<ruby>聞<rt>き</rt></ruby>いてください。それから、そのへんじを<ruby>聞<rt>き</rt></ruby>いて、1から3の<ruby>中<rt>なか</rt></ruby>から、<ruby>最<rt>もっと</rt></ruby>もよいものを<ruby>一<rt>ひと</rt></ruby>つえらんでください。

ーメモー

JLPT FINAL TEST N3

파이널 테스트 3회

N3 파이널 테스트 채점표

자신의 실력이 어느 정도인지 확인할 수 있도록 임의적으로 만든 채점표입니다.
실제 시험은 상대 평가 방식이므로 오차가 발생할 수 있습니다.

언어지식 (문자·어휘·문법)

	회	배점	만점	정답 문항 수	점수
문자·어휘	문제 1	1점×8문항	8		
	문제 2	1점×6문항	6		
	문제 3	1점×11문항	11		
	문제 4	1점×5문항	5		
	문제 5	1점×5문항	5		
문법	문제 1	1점×13문항	13		
	문제 2	1점×5문항	5		
	문제 3	1점×4문항	4		
합계			57점		

*점수 계산법 : 언어지식(문자·어휘·문법) [   ]점÷57×60 = [   ]점

독해

	회	배점	만점	정답 문항 수	점수
독해	문제 4	3점×4문항	12		
	문제 5	4점×6문항	24		
	문제 6	4점×4문항	16		
	문제 7	4점×2문항	8		
합계			60점		

청해

	회	배점	만점	정답 문항 수	점수
청해	문제 1	2점×6문항	12		
	문제 2	2점×6문항	12		
	문제 3	3점×3문항	9		
	문제 4	2점×4문항	8		
	문제 5	2점×9문항	18		
합계			59점		

*점수 계산법 : 청해 [   ]점÷59×60 = [   ]점

N3

げんごちしき（もじ・ごい）

（30ぷん）

ちゅうい
Notes

1. しけんが はじまるまで、この もんだいようしを あけないで ください。
   Do not open this question booklet until the test begins.

2. この もんだいようしを もって かえる ことは できません。
   Do not take this question booklet with you after the test.

3. じゅけんばんごうと なまえを したの らんに、じゅけんひょうと おなじように かいて ください。
   Write your examinee registration number and name clearly in each box below as written on your test voucher.

4. この もんだいようしは、ぜんぶで 7ページ あります。
   This question booklet has 7 pages.

5. もんだいには かいとうばんごうの ①、②、③ …が ついて います。かいとうは、かいとうようしに ある おなじ ばんごうの ところに マークして ください。
   One of the row numbers ①, ②, ③ … is given for each question. Mark your answer in the same row of the answer sheet.

じゅけんばんごう Examinee Registration Number	

なまえ Name	

問題1　　　　　　　のことばの読み方として最もよいものを、1・2・3・4から一つえらびなさい。

① 知らない漢字は辞書でしらべて記録しておきます。

　　1　きらく　　　　2　きりゃく　　　　3　きろく　　　　4　きりょく

② おばあさんの家には小さい池があります。

　　1　みずうみ　　　2　みなと　　　　3　なみ　　　　4　いけ

③ 新しい技術は去年よりかなりよくなりました。

　　1　きじゅつ　　　2　ぎじゅつ　　　3　きじつ　　　　4　ぎじつ

④ この車はきめられた場所に移動してください。

　　1　いどう　　　　2　いど　　　　3　いどん　　　　4　うつど

⑤ ゆかに長く座ると足がいたくなる。

　　1　うつる　　　　2　すわる　　　　3　ねる　　　　4　たてる

⑥ 友だちを空港まで車で迎えにいった。

　　1　つたえ　　　　2　わらえ　　　　3　むかえ　　　　4　くわえ

⑦ アメリカ旅行のおみやげで購入したハンカチをなくしてしまった。

　　1　こうにゅう　　2　ばいにゅう　　3　みにゅう　　　4　こにゅう

⑧ 彼は掃除をすることがにがてだそうだ。

　　1　そうじ　　　　2　そうじょ　　　3　しょうじ　　　4　しょうじょ

問題2 _____ のことばを漢字で書くとき、最もよいものを、1・2・3・4から一つえらびなさい。

9　このごろ、学校問題が<u>ちゅうもく</u>をあつめている。

1　着目　　　　　2　主目　　　　　3　注目　　　　　4　集目

10　子どもの<u>じこ</u>を聞いたかぞくは、みんな泣いていた。

1　時故　　　　　2　事故　　　　　3　自故　　　　　4　地故

11　スピードが<u>おちない</u>ように運転するのが大切です。

1　落ちない　　　2　滞ちない　　　3　下ちない　　　4　渡ちない

12　父は<u>しっぱい</u>することは悪くないと言いました。

1　失敗　　　　　2　失販　　　　　3　失財　　　　　4　失則

13　最近成績があまり<u>のびなくて</u>なやんでいます。

1　進びなくて　　2　昇びなくて　　3　上びなくて　　4　伸びなくて

14　まもなく出発するので、早く<u>じょうしゃ</u>してください。

1　上車　　　　　2　上者　　　　　3　乗車　　　　　4　乗者

問題3　（　　　　　　）に入れるのに最もよいものを、1・2・3・4から一つえらびなさい。

15　人間は経験を（　　　　　　）ことによって、精神的にも成長するのである。

　　1　つもる　　　　　2　ふえる　　　　　3　かさねる　　　　　4　せまる

16　この商店街^{しょうてんがい}のお店はすべて24時間（　　　　　　）しています。

　　1　開業　　　　　　2　営業　　　　　　3　開店　　　　　　4　失業

17　引っ越しのために部屋のものはできるだけ（　　　　　　）つもりで片づけを始めた。

　　1　へらす　　　　　2　よる　　　　　　3　きる　　　　　　4　ひろう

18　ここは人が通る道なので、ものをおくと（　　　　　　）になります。荷物はあそ
　　こに置いてください。

　　1　ひま　　　　　　2　じゃま　　　　　3　じみ　　　　　　4　ひつよう

19　日が（　　　　　　）からの空が美しくて、彼女はずっと空をながめていた。

　　1　くれて　　　　　2　おわって　　　　3　あけて　　　　　4　すぎて

20　手に（　　　　　　）をしたので、病院に行って医者に直してもらいました。

　　1　きず　　　　　　2　けが　　　　　　3　あな　　　　　　4　びょうき

21　新商品のサンプルは（　　　　　　）でおくりましたので、届きましたらお知らせ
　　ください。

　　1　輸入　　　　　　2　輸出　　　　　　3　配送　　　　　　4　郵便

22　店には、世界各国の有名な音楽が（　　　　　　）いる。

　　1　聞いて　　　　　2　楽しんで　　　　3　流れて　　　　　4　売って

23 いくらおもしろくても同じ話ばかり聞かされると（　　　　　）します。

1　さっぱり　　　　2　うきうき　　　　3　はらはら　　　　4　うんざり

24 このくつは大きすぎです。もう少し小さい（　　　　　）のくつは、ありませんか。

1　カーテン　　　　2　ユーモア　　　　3　サイズ　　　　4　ソフト

25 デパートの店員さんはとても（　　　　　）方で、荷物を運ぶのを手伝って
くれた。

1　ふるい　　　　2　したしい　　　　3　やさしい　　　　4　いそがしい

3
회

問題4　　　　　　に意味が最も近いものを、1・2・3・4から一つえらびなさい。

26　会場に入るときは入場券を提示してください。

　　1　見て　　　　　　2　あげて　　　　　3　買って　　　　　4　見せて

27　短い時間で作ったものだけど、彼女の作品は見事だった。

　　1　きびしかった　　　　　　　　　　2　ただしかった

　　3　すばらしかった　　　　　　　　　4　めずらしかった

28　このレポートを完成するには少なくとも4人は必要です。

　　1　さいこう4人　　2　さいてい4人　　3　ちょうど4人　　4　正確に4人

29　この音楽を聞くと心と体がリラックスします。

　　1　落ち着きます　　　　　　　　　　2　元気になります

　　3　やらせられます　　　　　　　　　4　目がさめます

30　新商品のサンプルは入り口で配りますので、受け取ってください。

　　1　価格　　　　　　2　材料　　　　　　3　資料　　　　　　4　見本

問題5 つぎのことばの使い方として最もよいものを、1・2・3・4から一つえらびなさい。

31 収集

1 ゴミを収集しやすいように区域を10のブロックに分けています。

2 全国でアルバイトを収集しているコンビニが調べられます。

3 地球環境のために、お客様がお使いになったスプーンは収集しています。

4 最近は親子に収集を教えてくれる教室もあるそうです。

32 伝言

1 なぜかいつも人と伝言を続けようとしても続きません。

2 就職活動での伝言では事前準備がかぎとなります。

3 この赤いボタンを押すと伝言メッセージが再生できます。

4 鈴木さんの論文伝言だけが来週に延期されました。

33 外す

1 これは燃えないゴミなので、別のところに外して置いてください。

2 部屋に細かいゴミが落ちていたので、掃除機で外した。

3 風呂に入る前に腕時計を外した後、どこに置いたか忘れてしまいました。

4 電気がつかなくなったので、電球を外して新しいものと変えました。

34 影響

1 ダイエットを始めるので一番影響がある運動を教えてください。

2 大学院ではメディアの影響について研究しています。

3 受検のお申込みから影響のお知らせが届くまでの流れがのっています。

4 この乗り物は高いところまで上がるので、身長影響をしています。

35 ぶつける

1 友だちにさよならと手をぶつけました。

2 ダイエットの鍵をぶつけているのは「米」だそうです。

3 豊富な実験で経験をぶつけて、ITスペシャリストになりたいと思っています。

4 机の角に頭をぶつけてけがをしてしまった。

N3

言語知識（文法）・読解

（70分）

注　意
Notes

1. 試験が始まるまで、この問題用紙を開けないでください。
   Do not open this question booklet until the test begins.

2. この問題用紙を持って帰ることはできません。
   Do not take this question booklet with you after the test.

3. 受験番号と名前を下の欄に、受験票と同じように書いて
   ください。
   Write your examinee registration number and name clearly in each box below as written on
   your test voucher.

4. この問題用紙は、全部で１８ページあります。
   This question booklet has 18 pages.

5. 問題には解答番号の 1 、 2 、 3 …が付いています。解答は、
   解答用紙にある同じ番号のところにマークしてください。
   One of the row numbers 1 , 2 , 3 … is given for each question. Mark your answer in the same
   row of the answer sheet.

受験番号 Examinee Registration Number	

名 前 Name	

問題1　つぎの文の（　　　　）に入れるのに最もよいものを、1・2・3・4から一つえらびなさい。

1　学校生活（　　　　）、コミュニケーションは重要であると思います。

　　1　について　　　　2　において　　　　3　にくらべて　　　　4　にしたがって

2　駅前の店のラーメンは、濃い味が好きな人（　　　　）いいかもしれません。

　　1　にとっては　　　2　にくらべては　　3　にたいしては　　4　として

3　子どもが3歳になったとき、新しい仕事をしようと思ったのですが、近所の保育園は（　　　　）いっぱいであきらめました。

　　1　いまにも　　　　2　少しも　　　　3　すでに　　　　4　たしかに

4　家の近くにあるレストランにはたくさんのイタリアワインがあります。値段は少し高いですが、ほかのレストランではあまり飲めないもの（　　　　）です。

　　1　だけ　　　　　　2　ばかり　　　　3　しか　　　　　4　のみ

5　わたしは飛行機が苦手なので、乗ったらすぐ音楽を聞きながら（　　　　）いいと思っています。

　　1　寝れば　　　　　2　寝るなら　　　3　寝るしか　　　4　寝ても

6　今朝、目覚まし時計がならなかった（　　　　）、1時間も寝坊してしまった。

　　1　はずで　　　　　2　一方で　　　　3　せいで　　　　4　場合

7　テレビを見るときや本を読むとき、姿勢が悪くなっていませんか。今回は姿勢よく楽に座れるいすを（　　　　）。

　　1　ご紹介になります　　　　　　　　2　ご紹介いたします

　　3　ご紹介なさいます　　　　　　　　4　ご紹介いらっしゃいます

8 A「ね、卒業してもう3年だね。」

B「うん、そうだね。わたしは先生が最後に（　　　　　）言葉が忘れられないよ。」

1　うかがった　　　2　もうしあげた　　3　おっしゃった　　4　お話しした

9 （バスで）

A「あのう、荷物が多いですね。これ（　　　　　）。」

B「じゃ、これだけお願いします。」

1　持ちましょうか　　　　　　　　2　お持ちしますか

3　持っていいですか　　　　　　　4　持ちませんか

10 明日授業があるか（　　　　　）は朝6時までに学校のホームページでお知らせ

します。

1　どこでも　　　　2　どうにも　　　　3　どうか　　　　4　どうして

11 田中「明日見に行く展覧会、週末はとても込むらしいよ。」

吉田「じゃあ、行く日を（　　　　　）ね。」

田中「うん、そうだね。平日にしよう。」

1　変えてはいけない　　　　　　　2　変えたほうがいいかもしれない

3　変えるつもりかもしれない　　　4　変えなくてもよさそうだ

12 （会社で）

山田「部長、午後の会議に必要な資料がまだできてないんですが…。」

部長「あ、そう。でももう時間がないから、じゃ、（　　　　　）ね。」

1　あったほうがいい　　　　　　2　ないままやるしかない

3　あってもいい　　　　　　　　4　しないままましたほうがいい

13 来年から社員の自転車通勤をすすめて（　　　　　）そうです。

1　いかないようになる　　　　　2　いくようになる

3　いかないことにする　　　　　4　いくことにする

問題2　つぎの文の＿＿★＿＿に入れる最もよいものを、1・2・3・4から一つえらびなさい。

（問題例）

つくえの　＿＿＿＿　＿＿＿＿　＿★＿　＿＿＿＿　あります。

1 が　　　　　2 に　　　　　3 上　　　　4 ペン

（解答のしかた）

1. 正しい答えはこうなります。

> つくえの　＿＿＿＿　＿＿＿＿　＿★＿　＿＿＿＿　あります。
>
> 　　　　　3 上　　2 に　　4 ペン　　1 が

2. ＿★＿に入る番号を解答用紙にマークします。

（解答用紙）　| (例) | ① ② ③ ● |

14　あの美術館はいつも　＿＿＿＿、＿＿＿＿　＿★＿　＿＿＿＿　行ってください。

　　1　から　　　　　　　　　　　2　すいている時間を

　　3　確認して　　　　　　　　　4　込んでいるので

15　桜の　＿＿＿＿　＿＿＿＿、＿★＿　＿＿＿＿　思い出します。

　　1　見ると　　　　2　日本に　　　　3　絵を　　　　　4　来たころを

16 春から留学する娘には、勉強 ＿＿＿＿ ＿＿＿＿ ＿★＿ ＿＿＿＿ できない経験
をしてほしいと思います。

1 でしか 　　　　2 以外 　　　　　3 にも 　　　　　4 その国

17 料金のお振込みを ＿＿＿＿ ＿＿＿＿、＿★＿ ＿＿＿＿ お送りします。

1 詳しい 　　　　2 確認した 　　　3 案内を 　　　　4 後

18 苦手な科目でいい成績がとれなくてもいいので、＿＿＿＿ ＿＿＿＿ ＿★＿
＿＿＿＿ 思っている。

1 得意なことを 　　2 やりたいと 　　3 やらせて 　　　4 娘には

問題3　つぎの文章を読んで、文章全体の内容を考えて、[19]から[23]の中に入る最もよいものを、1・2・3・4から一つえらびなさい。

日本で感動したこと

　週末、友達と母のプレゼントを買いに日本のデパートに行きました。母が好きな赤いバラのハンカチを買うことにしました。店内を探しても見つからなかったので、店員に探してもらいました。[19]をレジに持っていって渡したら、店員はわたしに「ご自分で使いますか」、「プレゼントですか」と[20]。わたしは、疑問に思いながら、「母のプレゼントです」と答えました。[21]、店員さんはハンカチを丸くまいて一本のピンク色のひもを出しました。そのひもの上にハンカチをおいてリボンの形に結びはじめました。たった20秒でハンカチはあっという間にきれいなバラの形になりました。

　帰国したら家族にこの話をしたいです。でも、言葉だけでは伝わらないと思うので、このプレゼントを母に渡しながら家族にも[22]。

19

1 それ　　　　　2 あれ　　　　　3 そっち　　　　　4 あっち

20

1 言い返しました　　　　　　　　2 言わせました
3 言いました　　　　　　　　　　4 言い直してくれました

21

1 実は　　　　　2 例えば　　　　　3 ところで　　　　　4 すると

22

1 見せるだろうと思っていました　　　2 見せようと思っています
3 見せるだろうと思うはずです　　　　4 見せようと思ったかもしれません

3
회

問題4　つぎの（1）から（4）の文章を読んで、質問に答えなさい。答えは、1・2・3・
4から最もよいものを一つえらびなさい。

（1）
これは、木村さんがジョンさんの家族に渡したメモである。

ジョンさん

こんにちは。けがの具合はどうですか。

試験の日を変更することについてですが、山本先生の国際論は残念ながら無理でした。

代わりにレポートを出すそうで、必ず20日までにメールで送るようにとのことです。

レポートに必要な本は「国際論入門1」です。

もし持っていなかったら、私が図書館で借りてきますので、このメモを読んだら、

電話してください。

吉田先生は大丈夫だそうです。治ったらすぐに先生の研究室を訪ねてください。

それでは、お大事に。

木村

23　ジョンさんは、まず何をしなければならないか。

1　木村さんに電話をする。

2　図書館で本を借りる。

3　山本先生にメールをする。

4　吉田先生の研究室に行く。

（2）

これは、社内運動会についてのメールである。

実行委員のみなさんへ

先日は会場探しお疲れ様でした。

運動会シーズンで、なかなか会場が見つからず、苦労したでしょう。

さて、注文する予定だったお弁当と飲み物なのですが、実は予算が減らされること

になってしまいました。すみませんが、1人1,000円でもう一度探してもらえますか。

競技は去年と同じものにします。それから、プログラムはこちらで作成します。
きょうぎ

お手数をかけますが、よろしくお願いします。

中田
なか だ

24 実行委員会がしなければいけないことは何か。

1 運動会の会場を予約すること

2 もう少し安いお弁当を探すこと

3 参加費の1,000円を集めること

4 運動会の種目を決めること
しゅもく

（3）

　私は先月、漢字試験の1級に合格しました。私の国は漢字を使う国ではありませんが、私は漢字が大好きです。漢字の形は絵のようで、とても芸術的だと思います。そして、一つ一つの文字に意味があり、それがまた組み合わさって別の意味を持った字を作ります。それが、パズルのようで楽しいのです。また、漢字の意味が分かると、その漢字を使った単語の意味も分かります。それが、とても興味深いです。

25　この文章は何について書かれた文章か。

　　1　漢字の勉強を始めたきっかけ

　　2　漢字の勉強方法

　　3　漢字の魅力

　　4　漢字試験の難しさ

（4）

　数年前からマナーに反する行為が飲食店の経営者を困らせています。それは急な予約の
キャンセルです。もちろん、いろいろな事情でどうしても行けなくなることはあるでしょ
う。けれど、最初から<u>そのつもり</u>で複数（ふくすう）の店に予約をしている人もいるのです。理由は、
その日の気分や一緒に行く人の希望（きぼう）で行く店を決めたいからだそうですが、その結果とし
て、多くの食材や料理人の苦労が無駄（むだ）になることを忘れてはなりません。自分の都合だけ
でなく、相手の損害（そんがい）に対する想像力を持つことが大切です。

26　　<u>そのつもり</u>とはどんなつもりか。

　　1　経営者に損害（そんがい）を与えるつもり

　　2　一か所以外はキャンセルするつもり

　　3　どこの店にも行かないつもり

　　4　複数（ふくすう）の店で食べるつもり

問題5 つぎの（1）と（2）の文章を読んで、質問に答えなさい。答えは、1・2・3・4から最もよいものを一つえらびなさい。

（1）

　「やる気」についてこんな実験が行われた。まず、パズルが好きな子供たちを二つのグループに分ける。そして、少し難しいパズルを与える。子供たちが夢中になってパズルをしている途中で、一つのグループの子供たちにだけ、このように言う。「そのパズルを完成させたら、お金をあげるよ」そしてもう一つのグループには何も言わずにそのままにしておく。さて、パズルを完成させたのはどちらだろうか。

　意外に感じるかもしれないが、完成させたのは何も言わなかったグループだった。人間のやる気は「それをしてみたいという気持ちや、知りたいという好奇心」を持つことでしか、長続きがしないそうだ。お金をくれると言われたグループは、途中からその目的が「お金」に変わってしまい、やる気を持続させることができなかったのだ。そして途中で飽きてしまって、パズルをやめてしまった。だから、やる気を持ち続けさせるためには、その途中でほめたり、物やお金をあげる約束をするのではなく、何もしないのがよい。

　これは大人でも同じだそうだ。例えば、何かの研究でも、賞をもらおうとか、給料を上げてもらおうとか、そういった目的ですると途中であきらめてしまうことが多いが、本当に純粋な気持ちで続けた結果、何か大きな発見につながったりすることはよくあることだ。

27 この実験で明らかにしたいことは何か。

1 お金を与えると、子供の能力は上がるのか。

2 ほめ言葉とお金のどちらがやる気を向上させるのか。

3 金額が大きくなると、やる気も大きくなるのか。

4 やる気を持続させるのは「好奇心」か「お金」か。

28 子供のやる気を持続させるために、親はどうすればよいか。

1 賞を与える。

2 ずっとほめ続ける。

3 何もしない。

4 目標を持たせる。

29 本当に純粋な気持ちと合っているものは何か。

1 賞を取りたいという気持ち

2 ほめられたいという気持ち

3 知らないことを知りたいという気持ち

4 出世したいという気持ち

（2）

　小学校2年生の田中さんは4歳6か月からテニスを始めました。テニスを始めたきっかけは、体験レッスン中に周りで見学していた人たちから「上手だね。」とほめられたことです。田中さんはどんどん上手になり、試合で自分よりずっと大きな選手と戦って、勝てるようになりました。

　田中さんの住む町は、昨年大きな ① 災害にあい、被害を受けました。小学校の1階が水浸しになり、多くの児童や先生が学校に取り残され、一晩を学校で過ごしました。田中さんも学校に取り残されましたが、翌日、無事に救助されました。被害を知った多くの人々から必要な物や支援のお金、励ましの手紙などが送られてきました。その中に有名なプロテニス選手からの手紙もありました。

　学校の廊下に貼られたその手紙を読んで、田中さんは胸がドキドキしました。その手紙には、「みなさんがスポーツを通じて少しでも元気になってくれたらうれしいです。ぜひ、一緒にテニスをしましょう。」と書いてありました。そして、1か月後、本当にその選手が小学校を訪れたのです。② その経験は田中さんにとって忘れられない思い出となりました。

　田中さんは将来はテニス選手になりたいと話していますが、③ 両親は、プロ選手になってもならなくても、本人がテニスを楽しむ気持ちを一番大切にしてほしいと話しているそうです。

30 ① 災害とはどんな災害か。

1 大雪

2 地震

3 大雨

4 火事

31 ② その経験とは何か。

1 自分の住む町が被害を受けたこと

2 プロ選手が学校に来たこと

3 手紙に返事を書いたこと

4 プロ選手を負かしたこと

32 ③ 両親の気持ちと合っているものは何か。

1 頑張ってプロ選手になってもらいたい。

2 試合に勝って結果を出すことが大事だ。

3 テニスより勉強に集中してほしい。

4 テニスを楽しむ気持ちを大事にしてほしい。

問題6 つぎの文章を読んで、質問に答えなさい。答えは、1・2・3・4から一つ最もよいものをえらびなさい。

　この町は、人口が約1,700人の小さな町です。町の面積の86％が山で、65歳以上の高齢者が人口の半分です。ところが、この町は、お年寄りが元気でいきいきと働いていて、みんなが笑顔です。この町では山にある葉や花などを取ってきて、全国の日本料理屋などに出しています。

　このビジネスは、1986年にスタートし、現在では年間2億6,000万円も売り上げています。この町の200以上の農家がかかわっていて、働いている人の平均年齢は70歳です。このビジネスのポイントは、商品がとても軽く、高齢者でも簡単に運べることです。そしてお金がかからないので、失敗したときの損害が少ないこともいい点です。最初は「こんなものがお金になるのか」と反対していた農家の人たちも、今はみんな「昔は落ち葉の掃除がいやだったが、今は金を拾っているようなもんだ」と言って喜んでいます。

　この町はもともとみかんで有名な地域でしたが、若者がどんどん出て行って、みかん農家をする人はいなくなってしまいました。町の収入がなくなり、町がなくなるかもしれないという状況になりました。町の人が集まって、どうすれば町を守れるかと悩んだ結果、このビジネスが生まれました。

　高齢者に仕事ができ、収入ができたことで、町の雰囲気はずっと明るくなりました。老人ホームの利用者数が減り、町の老人ホームはなくなりました。このビジネスは、町を経済的に豊かにしただけでなく、お年寄りの心も体も健康にしたのです。

33 このビジネスとはどんな仕事なのか。

1 山で取れる山菜や野菜を利用した日本食レストランの経営

2 落ちている葉や花を拾ってきて、日本料理屋に売る仕事

3 山の草木や花で作った花束を全国に届ける仕事

4 自然の材料で作った工芸品をインターネットで販売する仕事

34 このビジネスが成功した理由として正しくないものは何か。

1 商品が自然の中に存在するので、簡単に手に入る。

2 商品が軽いので、お年寄りにも扱いやすい。

3 元手がかからないので、リスクが少ない。

4 農家の人が成功を信じて、努力した。

35 このビジネスを始めるきっかけとなったことは何か。

1 多くの若者が町を出て行ったこと

2 みかんの売り上げが減少したこと

3 山林の環境が汚染されていたこと

4 高齢者の多くが病気になったこと

36 このビジネスが町に与えた影響について正しいものは何か。

1 このビジネスのおかげで、町に若者が増えて、活気が戻った。

2 仕事をすることで高齢者が元気になり、町が明るくなった。

3 このビジネスのおかげで町が有名になり、観光客が増えた。

4 このビジネスで出た利益で、みかんの栽培を続けられることになった。

問題7　　右のページは、「スタジオサエキ成人式キャンペーン」の案内である。これを読ん
　　　　　で、下の質問に答えなさい。答えは、1・2・3・4から最もよいものを一つえらびな
　　　　　さい。

[37]　安井さんは2月4日にこのスタジオで成人式の写真を撮った。写真は「六つ切り」
　　　　を2枚購入。着物とドレスを一着ずつ着た。かかった費用はいくらか。

　　　1　18,500円

　　　2　22,500円

　　　3　23,000円

　　　4　27,000円

[38]　ヤンさんは成人式の記念写真を撮るつもりだ。次の条件で予約可能な日は何日
　　　　あるか。

　　　・　できるだけ安い費用で撮りたい

　　　・　2月15日までに受け取りたい

　　　1　2日

　　　2　3日

　　　3　4日

　　　4　5日

スタジオサエキ

成人式キャンペーン　1月10日から2月10日まで

　　大人の仲間入りとなる成人の日。20歳の記念を写真に残しませんか。

《キャンペーン特典》

1　**撮影代**13,000円のところを**期間中の平日のみ**8,500円で撮影できます。

2　**写真代**は大きさによって決まります。
- ・八つ切り：4,000円
- ・六つ切り：5,000円
- ・四つ切り：6,000円
- ・半切り：10,000円

3　**衣装代**：期間中の衣装レンタル（通常1着2,000円）が無料。
　　　　何着でも着ることができます。

【予約状況】

○：予約可能

1月

月	火	水	木	金	土	日
1○	2○	3×	4×	5○	6×	7×
8○	9×	10○	11○	12×	13○	14○
15×	16×	17×	18×	19×	20○	21○
22×	23○	24×	25○	26×	27○	28○
29×	30×	31×				

2月

月	火	水	木	金	土	日
			1×	2×	3○	4○
5×	6×	7○	8×	9×	10○	11○
12○	13○	14○	15○	16○	17○	18○
19○	20○	21○	22○	23○	24○	25○
26○	27○	28○				

※　予約時に10%の予約金をいただきます。残りは撮影当日にお支払いください。

※　写真は撮影から4週間後から受け取れます。

　　　　　ご予約、お問い合わせは 06−4732−0989まで

N3

ちょう かい
聴解

（40分）

注　意
Notes

1. 試験が始まるまで、この問題用紙を開けないでください。
   Do not open this question booklet until the test begins.

2. この問題用紙を持って帰ることはできません。
   Do not take this question booklet with you after the test.

3. 受験番号と名前を下の欄に、受験票と同じように書いて
   ください。
   Write your examinee registration number and name clearly in each box below as written on your test voucher.

4. この問題用紙は、全部で13ページあります。
   This question booklet has 13 pages.

5. この問題用紙にメモをとってもいいです。
   You may make notes in this question booklet.

問題1

　問題1では、まず質問を聞いてください。それから話を聞いて、問題用紙の1から4の中から、最もよいものを一つえらんでください。

れい

1　8時45分

2　9時

3　9時15分

4　9時30分

1ばん

1　4部

2　6部

3　7部

4　8部

2ばん

1　仕事をやめる

2　正社員として働く

3　他の会社に就職する

4　パートとして働く

3ばん

1 電球

2 電球とトイレットペーパー

3 洗剤とトイレットペーパー

4 電球と洗剤とトイレットペーパー

4ばん

1 違う薬を飲む

2 検査を受ける

3 食事に気をつかう

4 大きい病院を探す

5ばん

1 ポスターの作成

2 チケットの作成

3 衣装の作成

4 演劇の練習

6ばん

1 食器を買う

2 ご飯を食べる

3 ゴミを捨てる

4 雑誌をまとめる

問題 2

　問題2では、まず質問を聞いてください。そのあと、問題用紙を見てください。読む時間があります。それから話を聞いて、問題用紙の1から4の中から、最もよいものを一つえらんでください。

れい

1　いそがしくて時間がないから

2　料理がにがてだから

3　ざいりょうがあまってしまうから

4　いっしょに食べる人がいないから

1 ばん

1 6月
2 7月
3 8月
4 9月

2 ばん

1 睡眠時間が減ること
2 家族に会えないこと
3 食事が不規則になること
4 仕事の結果が出せないこと

3ばん

1 動物の絵を描くこと

2 動物の声をまねすること

3 紙で動物を折ること

4 紙で動物の形に切ること

4ばん

1 経験が多いから

2 若いから

3 責任感があるから

4 知識が豊富だから

5ばん

1 本社の建物が立派なこと

2 カフェがおしゃれなこと

3 社員の雰囲気が自由なこと

4 社員の給料が高いこと

6ばん

1 国語

2 理科

3 体育

4 美術

<ruby>問題<rt>もんだい</rt></ruby>3

　<ruby>問題<rt>もんだい</rt></ruby>3では、<ruby>問題用紙<rt>もんだいようし</rt></ruby>に<ruby>何<rt>なに</rt></ruby>もいんさつされていません。この<ruby>問題<rt>もんだい</rt></ruby>は、ぜんたいとしてどんなないようかを<ruby>聞<rt>き</rt></ruby>く<ruby>問題<rt>もんだい</rt></ruby>です。<ruby>話<rt>はなし</rt></ruby>の<ruby>前<rt>まえ</rt></ruby>に<ruby>質問<rt>しつもん</rt></ruby>はありません。まず<ruby>話<rt>はなし</rt></ruby>を<ruby>聞<rt>き</rt></ruby>いてください。それから、<ruby>質問<rt>しつもん</rt></ruby>とせんたくしを<ruby>聞<rt>き</rt></ruby>いて、1から4の<ruby>中<rt>なか</rt></ruby>から、<ruby>最<rt>もっと</rt></ruby>もよいものを<ruby>一<rt>ひと</rt></ruby>つえらんでください。

－ メモ －

問題4

問題4では、えを見ながら質問を聞いてください。やじるし(➡)の人は何と言いますか。

1から3の中から、最もよいものを一つえらんでください。

れい

1 ばん

2 ばん

3 ばん

4 ばん

問題5

問題5では、問題用紙に何もいんさつされていません。まず文を聞いてください。それから、そのへんじを聞いて、1から3の中から、最もよいものを一つえらんでください。

ーメモー

JLPT
FINAL TEST
N3

파이널 테스트 4회

N3 파이널 테스트 채점표

자신의 실력이 어느 정도인지 확인할 수 있도록 임의적으로 만든 채점표입니다.
실제 시험은 상대 평가 방식이므로 오차가 발생할 수 있습니다.

언어지식 (문자·어휘·문법)

	회	배점	만점	정답 문항 수	점수
문자·어휘	문제 1	1점×8문항	8		
	문제 2	1점×6문항	6		
	문제 3	1점×11문항	11		
	문제 4	1점×5문항	5		
	문제 5	1점×5문항	5		
문법	문제 1	1점×13문항	13		
	문제 2	1점×5문항	5		
	문제 3	1점×4문항	4		
합계			57점		

*점수 계산법 : 언어지식(문자·어휘·문법) [   ]점÷57×60 = [   ]점

독해

	회	배점	만점	정답 문항 수	점수
독해	문제 4	3점×4문항	12		
	문제 5	4점×6문항	24		
	문제 6	4점×4문항	16		
	문제 7	4점×2문항	8		
합계			60점		

청해

	회	배점	만점	정답 문항 수	점수
청해	문제 1	2점×6문항	12		
	문제 2	2점×6문항	12		
	문제 3	3점×3문항	9		
	문제 4	2점×4문항	8		
	문제 5	2점×9문항	18		
합계			59점		

*점수 계산법 : 청해 [   ]점÷59×60 = [   ]점

N3

げんごちしき (もじ・ごい)

(30ぷん)

ちゅうい
Notes

1. しけんが はじまるまで、この もんだいようしを あけないで ください。
   Do not open this question booklet until the test begins.

2. この もんだいようしを もって かえる ことは できません。
   Do not take this question booklet with you after the test.

3. じゅけんばんごうと なまえを したの らんに、じゅけんひょうと おなじように かいて ください。
   Write your examinee registration number and name clearly in each box below as written on your test voucher.

4. この もんだいようしは、ぜんぶで 7ページ あります。
   This question booklet has 7 pages.

5. もんだいには かいとうばんごうの ①、②、③ …が ついて います。 かいとうは、かいとうようしに ある おなじ ばんごうの ところに マークして ください。
   One of the row numbers ①, ②, ③ … is given for each question. Mark your answer in the same row of the answer sheet.

じゅけんばんごう Examinee Registration Number	

なまえ　Name	

問題1 _____のことばの読み方として最もよいものを、1・2・3・4から一つえらびなさい。

1　会社を<u>早退</u>して駅まで両親をむかえにいきました。

　　1　そうてい　　　　2　ぞうたい　　　　3　そうたい　　　　4　ぞうてい

2　鈴木さんはとても<u>正直</u>な人だ。

　　1　せいちょく　　　2　せいじき　　　　3　しょうちょく　　4　しょうじき

3　学校ではスポーツの中でサッカーが一番<u>盛</u>んです。

　　1　はさん　　　　　2　さかん　　　　　3　たたん　　　　　4　ぬすん

4　<u>改札</u>の前で6時に会いましょう。

　　1　かいさつ　　　　2　かいじょう　　　3　けいさつ　　　　4　けいじょう

5　おとして<u>壊れて</u>しまいました。

　　1　こわれて　　　　2　おくれて　　　　3　たおれて　　　　4　よごれて

6　子どもたちは<u>砂</u>だらけです。

　　1　いわ　　　　　　2　すな　　　　　　3　かげ　　　　　　4　どろ

7　ルールはきちんと<u>守って</u>ください。

　　1　はかって　　　　2　しまって　　　　3　まもって　　　　4　したがって

8　毎日少しずつ<u>貯金</u>するのが楽しみです。

　　1　だいきん　　　　2　ぜいきん　　　　3　げんきん　　　　4　ちょきん

問題2 _____のことばを漢字で書くとき、最もよいものを、1・2・3・4から一つえらびなさい。

9 ここは海が多いみなと町です。

1 巻　　　　　2 券　　　　　3 空　　　　　4 港

10 友だちと別れることになってかなしくなった。

1 寂しく　　　2 涙しく　　　3 悲しく　　　4 泣しく

11 いつでもにげるという選択をしてもいいです。

1 逃げる　　　2 走げる　　　3 避げる　　　4 返げる

12 朝からずつうも熱もひどいです。

1 腹病　　　　2 頭病　　　　3 腹痛　　　　4 頭痛

13 この国がゆしゅつしているのはなんですか。

1 輸出　　　　2 諭出　　　　3 輪出　　　　4 論出

14 高木<ruby>高木<rt>たかぎ</rt></ruby>さんは自分のけつえき型を知りません。

1 皿液　　　　2 血液　　　　3 皿圧　　　　4 血夜

問題3 （　　　　　）に入れるのに最もよいものを、1・2・3・4から一つえらびなさい。

15 このレストランは時給も安いし、仕事は大変だし、わたしは（　　　　　）が
たくさんある。

1 期待　　　　　2 不満　　　　　3 目標　　　　　4 我慢

16 今度のレポートには地域住民の生活を（　　　　　）して丁寧に書くつもりです。

1 検査　　　　　2 目的　　　　　3 観光　　　　　4 観察

17 今日は暑くて、みんな（　　　　　）をかきながら電車を待っていた。

1 涙　　　　　2 ごみ　　　　　3 は　　　　　4 汗

18 新しい家は、静かで広いけれど、交通の（　　　　　）が悪いので家賃がやすい。

1 アクセス　　2 チャレンジ　　3 ノック　　　4 セット

19 野球の練習で（　　　　　）をしてしまい、試合には出られなくなった。

1 けが　　　　　2 傷　　　　　3 穴　　　　　4 泡

20 机の奥に（　　　　　）あった日記を妹に読まれてしまった。

1 しめて　　　　2 埋めて　　　　3 預けて　　　　4 隠して

21 今月の給料と集めたお金をあわせれば、（　　　　　）しなくてもほしかった車が
買えそうだ。

1 賃金　　　　　2 料金　　　　　3 借金　　　　　4 代金

22 昔はカメラもビデオもなかったから、練習を撮影して（　　　　　）見ることが
できませんでした。

1 くりかえして　2 かくにんして　3 見つめて　　　4 たしかめて

23 今朝、慌てて（　　　　　　）財布を落としてしまい、家へ帰れない。

1　やっと　　　　　2　ぐっすり　　　　3　そっと　　　　4　うっかり

24 家の隣にいつでもゆっくり散歩できる広くて静かな公園がある田中さんが

（　　　　　　）なった。

1　なつかしく　　　2　うらやましく　　3　くやしく　　　4　はずかしく

25 駅前に建設中の（　　　　　　）マンションは来月には完成するらしい。

1　立派な　　　　　2　苦手な　　　　　3　貧乏な　　　　4　不用な

4
회

問題4　_____に意味が最も近いものを、1・2・3・4から一つえらびなさい。

26　いい<u>機会</u>がおとずれました。

　　1　スケジュール　　　2　アルバイト　　　3　チャンス　　　4　アイディア

27　彼のことが<u>次第に</u>好きになりました。

　　1　すぐに　　　　　　2　どんどん　　　　3　やっと　　　　4　少しずつ

28　できるだけ簡単に<u>尋ねて</u>ください。

　　1　知らせて　　　　　2　頼んで　　　　　3　話して　　　　4　聞いて

29　このバックは日本の10代で<u>もっとも</u>人気があるものだ。

　　1　一番　　　　　　　2　たぶん　　　　　3　ずっと　　　　4　かならず

30　仕事は<ruby>吉田<rt>よしだ</rt></ruby>さんに<u>おそわりました</u>。

　　1　教えました　　　2　習いました　　　3　頼みました　　　4　始めました

問題5　つぎのことばの使い方として最もよいものを、1・2・3・4から一つえらびなさい。

31　移動

1　そのモデルの話がネットで世界中に移動しました。

2　リストでから名前を確認した人は、自分のグループに移動してください。

3　車が朝から移動していなかったので、修理に出してきました。

4　友だちの風邪がわたしにも移動したのか、熱がでます。

32　あふれる

1　夕飯のカレーがあふれてしまったので、朝食にしようと思う。

2　海であふれそうな人が助けてもらっています。

3　犯人があふれようとしているのが見つかった。

4　昨日の大雨で川の水があふれそうです。

33　うたがう

1　木村さんは、会社のみんながうたがっている優しい人である。

2　母は、弟が必ず合格するとうたがっているようだ。

3　クラスのみんなは彼が犯人ではないかとうたがっている。

4　明日の3時ごろうたがおうと思いますが、よろしいでしょうか。

34　親しい

1　私は数学より英語のほうが<u>親しかった</u>。

2　彼女は学生の無礼な質問にも<u>親しく</u>答えてくれた。

3　高校時代の友だちに偶然会って、とても<u>親しかった</u>。

4　入社したばかりなので、この職場には<u>親しい</u>人があまりいません。

35　まち合わせる

1　友人と駅で<u>まち合わせて</u>から、一緒に食事に行くことにした。

2　遅くなったかと思って慌てたけど、なんとか<u>まち合わせる</u>ことができた。

3　4年前に日本で<u>まち合わせて</u>、今でもずっと仲良くしてもらっています。

4　田中さんの買い物に2時間も<u>まち合わされて</u>大変だった。

N3

言語知識（文法）・読解

（70分）

注　意
Notes

1. 試験が始まるまで、この問題用紙を開けないでください。
   Do not open this question booklet until the test begins.

2. この問題用紙を持って帰ることはできません。
   Do not take this question booklet with you after the test.

3. 受験番号と名前を下の欄に、受験票と同じように書いて
   ください。
   Write your examinee registration number and name clearly in each box below as written on your test voucher.

4. この問題用紙は、全部で18ページあります。
   This question booklet has 18 pages.

5. 問題には解答番号の ①、②、③ …が付いています。解答は、
   解答用紙にある同じ番号のところにマークしてください。
   One of the row numbers ①, ②, ③ … is given for each question. Mark your answer in the same row of the answer sheet.

受験番号 Examinee Registration Number	

名前 Name	

問題1　つぎの文の（　　　　　）に入れるのに最もよいものを、1・2・3・4から一つえらびなさい。

[1]　本が好きで、小学校のころから学校帰りに本屋によって何時間（　　　　　）立ち

読みしていました。

1　を　　　　　　　2　に　　　　　　　3　で　　　　　　　4　も

[2]　美紀「直樹。どこかケーキのおいしい店知ってる？ 家に客が来るの。」

直樹「ケーキか。あ、駅前に最近できたケーキ屋があるよ。（　　　　　）店なんだ

けど知ってる？」

1　「ミルク」って　　2　「ミルク」など　　3　「ミルク」だって　4　「ミルク」なんて

[3]　友だちから借りた本を集中して読んでいたら、（　　　　　）寝てしまった。

1　ようやく　　　　2　いまにも　　　　3　まるで　　　　　4　いつの間にか

[4]　今日は卒業式だから祖母に買って（　　　　　）スカーフをしていこう。

1　あげた　　　　　2　くれた　　　　　3　やった　　　　　4　もらった

[5]　ずっとほしいと思っていたが、高くて買えなかったかばんが安くなってつい

（　　　　　）。

1　買ってしまった　2　買われた　　　　3　買わせておいた　4　買っておいた

[6]　友だちが自分で野菜を育てて食べたらすごくおいしかったそうで、（　　　　　）と

誘われた。

1　作ってみないか　2　作ったらいい　　3　作っただろう　　4　作ってみて

[7]　ある程度、日本語が（　　　　　）まで日本の生活がつまらなかった。

1　わかってる　　　　　　　　　　　2　わかるようにする

3　わかった　　　　　　　　　　　　4　わかるようになる

8 （玄関で）

母「たけし、もう8時だよ。急がないと急行が（　　　　　）よ。」

たけし「うん、分かった。今行く。」

1　行ってた　　　　　2　行っちゃう　　　　3　行っとく　　　　4　行かなきゃ

9 毎朝ジョギングを（　　　　　）時計をセットしたが、起きられなかった。

1　していて　　　　　　　　　　2　しているのに

3　しようと思って　　　　　　　4　しようと思うのに

10 角をまがったら子どもが（　　　　　）飛び出してきたので、急ブレーキをかけた。

1　おそらく　　　　2　ぜひとも　　　　3　まったく　　　　4　いきなり

11 （案内で）

これまでに国際交流事業に（　　　　　）人は申し込むことができませんので、

確認してください。

1　参加したところの　　　　　　2　参加したことがある

3　参加しておいたところの　　　4　参加しておいたことがある

12 妻「あなた、明日朝の飛行機だよね。早く家を（　　　　　）ね。」

夫「ああ、そうだな。」

1　出ないほうがよさそう　　　　2　出ないといけない

3　出なくてもしかたない　　　　4　出なければいい

13 「熱がひどく（　　　　　）早めに病院に行きなさい」と母にしつこく言われた。

1　なるあいだに　　　　　　　　2　ならないうちに

3　ならないまえに　　　　　　　4　なるころに

問題2 つぎの文の ＿★＿ に入れる最もよいものを、1・2・3・4から一つえらびなさい。

（問題例）

つくえの ＿＿＿＿ ＿＿＿＿ ＿★＿ ＿＿＿＿ あります。

1 が　　　　2 に　　　　3 上　　　　4 ペン

（解答のしかた）

1. 正しい答えはこうなります。

> つくえの ＿＿＿＿ ＿＿＿＿ ＿★＿ ＿＿＿＿ あります。
>
> 　　　　　　3 上　　2 に　　4 ペン　　1 が

2. ＿★＿ に入る番号を解答用紙にマークします。

（解答用紙）　| (例) | ① ② ③ ● |

14　飛行機の料金も以前よりだいぶ ＿＿＿＿ ＿＿＿＿ ＿★＿ ＿＿＿＿。

　　1 なくなった　　　2 海外旅行も　　　3 安くなり　　　4 珍しく

15　彼女が描いた鳥の絵は、＿＿＿＿ ＿＿＿＿ ＿★＿ ＿＿＿＿ そうだ。

　　1 見えて　　　　　2 今にでも　　　　3 飛んでき　　　4 写真のように

16　あのミスがなかったら、＿＿＿＿ ＿＿＿＿ ＿★＿ ＿＿＿＿ たまらなかった。

　　1 と思ったら　　　　　　　　　　2 のに

　　3 合格していたかもしれない　　　4 悔しくて

17 天気がひどく悪い日だったので、＿＿＿ ＿＿＿ ★ ＿＿＿。

1 ことにした　　　2 買い物に　　　3 は　　　　　　　4 行かない

18 今朝、雪が降っていたので、兄に車で ＿＿＿ ★ ＿＿＿ ＿＿＿ 頼んだ
が、断られてしまった。

1 と　　　　　　　2 送って　　　　3 駅まで　　　　4 ほしい

問題3　つぎの文章を読んで、文章全体の内容を考えて、　19　から　23　の中に入る最もよいものを、1・2・3・4から一つえらびなさい。

　私は出張でよく外国に行きます。先週は一週間アメリカに行きました。行く前に会議の準備が必要だったので、とても　19　。出張まで時間があまりなかったので、仕方なく毎日残業をしました。そのせいか、アメリカのホテルについてすぐお腹が痛くなり、熱が出ました。　20　ホテルの近くにある病院に行きました。医者に疲れている上に何か古いものを食べたからだと言われました。そのあと、薬をもらいました。

　二週間の出張のうち五日間もホテルの部屋で寝ていました。一緒に行った同僚には迷惑ばかりかけたので、謝りました。そしてあまり仕事ができなかったので帰ってきて課長には謝りました。来月また出張に　21　が、今度は絶対に事前に体調を管理し、病気にならないように　22　。

19

1 忙しいでしょう　　　　2 忙しかったです

3 忙しくなかったです　　4 忙しいようです

20

1 そして　　　2 しかし　　　3 また　　　4 それで

21

1 行くことになります　　　2 行ってほしいです

3 行くわけです　　　　　　4 行くことにしましょう

22

1 注意していると思います　　　2 注意しただろうと思っています

3 注意しようと思っています　　4 注意したと思うかもしれません

問題4　つぎの（1）から（4）の文章を読んで、質問に答えなさい。答えは、1・2・3・4から最もよいものを一つえらびなさい。

（1）

これは、高橋が安田先生へ送ったメールである。

安田先生

　お世話になります。ゼミの4年の高橋です。

　水曜日の先生のゼミについてなのですが、就職説明会と日程が重なってしまいました。今回は第一志望の会社なので、申し訳ありませんが、お休みさせていただきたいと思います。

　また、レポートは来週のゼミの時に提出してもよろしいでしょうか。

　お手数をおかけして申し訳ございませんが、よろしくお願いします。

　　　　　　　　　　　　　　　　　　　　　　　　経済学部経営学科4年　高橋和人

23　メールの内容と合っているものは何か。

1　就職説明会の日程のお知らせ

2　ゼミを欠席することの連絡

3　レポートについての質問

4　希望の会社に内定したことの報告

（2）

これは、国際交流会館で行われる「ふるさと市」のお知らせである。

国際交流会館「ふるさと市」のお知らせ

今年もふるさと市を開催します！！

日時：11月12日（土曜日）

時間：午前9時 〜 午後2時

【販売できるもの】

① 留学生のみなさんが、国から持ってきた本や服などで、必要なくなったもの

② 手作りのアクセサリー、絵、作品

※ 日本人の学生も参加できます。

※ 購入価格以上の値段で売ることは禁止です。

※ 食品の販売はできません。

　　　　　　　　たくさんのご参加をお待ちしています。

24　ふるさと市では何をするか。

　1　さまざまな国からの留学生が、国の料理を作って売る。

　2　留学生や日本人学生が自国のリサイクル品を販売する。

　3　学生の手作りの商品をオークション形式で販売する。

　4　各国の留学生が民族衣装を着て、文化交流をする。

（3）

　私が会社を作ったのは3年前です。以前は建築会社の営業社員だったのですが、自分の会社を持って、自分の力を試してみたいという夢をかなえるために、会社を辞めました。今は小さなリフォーム会社の社長をしています。会社員の時代には大変だったことも、自分の責任で会社を動かしていると考えると、大変だとは感じません。私は、どんな仕事でも社会のためになる仕事がしたいと考えています。利益_{りえき}のためだけでなく、社会のために働くこと、地域一番のリフォーム会社になることが今の目標です。

25　本文の内容と合っているものは何か。

　1　「私」は3年前に建築会社に就職しました。

　2　「私」は前の仕事よりも、今の仕事のほうが大変だと感じます。

　3　「私」は仕事を通じて社会の役に立ちたいと思っています。

　4　「私」は会社のために働いて、将来は社長になりたいと思っています。

（4）

　私は毎日友人と散歩をしています。以前は朝会社に行く前に、川沿いの大きな公園で運動をしていました。その公園はどんなに早い時間に行ってもいつも大勢の人がいます。そのうち友人が「早起きするせいで勤務中に居眠りしそうになる」と言い出したので、それからは夜に散歩をするようになりました。運動は朝のほうがいいと思ってましたが、夜の時間は日に焼ける心配もないし、静かでとても快適です。

26　　私と友人はどうして夜に散歩をするようになりましたか。
1　夜のほうが仕事に影響しないから
2　夜のほうが公園が混雑していないから
3　仕事が始まる時間が早くなったから
4　朝は暑くて日焼けをするから

問題5　つぎの（1）と（2）の文章を読んで、質問に答えなさい。答えは、1・2・3・4
　　　　から最もよいものを一つえらびなさい。

（1）

　先日、私が家を出ようとすると、母が「今日、天気予報で雨だって。これ、持ってい
きなさい」と、私に傘を渡そうとしましたが、私は要らないと言い、そのまま出かけまし
た。外に出ると、空は曇っていて、今にも雨が降りそうでした。そして、すぐに激しい
雨が降ってきて、かばんをかさ代わりにして待ち合わせの駅まで走って行ったのですが、
あっという間に服がびしょびしょになってしまいました。玄関先での ① 不満そうな母の
顔が頭に浮かびました。

　私は荷物が増えるのが好きではありません。それに、まだ起きていないことを心配す
るのも好きではありません。雨がすでに降っていれば、傘は当然差して行きますが、降っ
ていなければ持って行きません。だから、旅行に行くときに、洋服を汚すかもしれないと
か、ホテルのシャンプーが髪に合わないかもしれないとか、けがをするかもしれないと
か、そういったことを先に心配して、あれこれ大きい荷物を持ってくる友人を不思議に感
じるぐらいです。でも、その心配性のおかげで、友人のかばんの中にはいつもたくさんの
ものが入っているので、困ったときにみんなに頼りにされています。私も、友人の ② そ
んなところを見習わないといけないのかもしれません。

27 「私」が傘を要らないと言った理由は何か。

1 友人に借りればいいと思ったから

2 天気予報が当たらないと思っていたから

3 出るときには、雨が降っていなかったから

4 かばんの中にすでに入っていたから

28 ① 不満そうな母の顔とあるが、母が不満そうな顔をしたのはなぜか。

1 天気が悪いのに「私」が出かけたから

2 「私」が母の助言を聞かなかったから

3 「私」が母と一緒に出かけなかったから

4 母は雨の日が好きではないから

29 ② そんなところとは、どんなところか。

1 心配性でいろんなものを持ち歩いているところ

2 やさしくて人を助けることが好きなところ

3 素直で母の言うことをよく聞くところ

4 みんなのためによく働く頼りがいのあるところ

4回

（2）

　私たちの町はゴミのポイ捨てが多い。通学路の途中には空き缶やペットボトルがたくさん捨てられている。見た目も悪いし、嫌な臭いがする。拾っても拾っても、次々に捨てられる。そこで、私はこういったゴミをどうしたらなくすことができるか考えてみた。

　最初に考えたのは、町にポスターを貼ることだ。ポスターを通して、ポイ捨てをやめるように市民として呼びかけるのだ。しかし、ポイ捨てがいけないことだというのは、多分みんな頭では分かっていて、それでもしているのを見ると、これが ① いい方法かどうか分からない。次に、罰金を払わせるという方法を考えた。それには、カメラで撮影しなければならない。しかし、多数のカメラを設置するには莫大な金額が必要で、あまり現実的でない。

　では、ゴミ箱の設置はどうだろう。近くにゴミ箱があれば、わざわざ道路にポイ捨てすることはあまり考えにくい。ゴミ箱が近くにあるだけで、ゴミのポイ捨てがかなり減るのではないだろうか。しかし、この方法にも問題はあり、分別をどうするかがその一つだ。ゴミ箱を燃えるゴミとリサイクル用の２つを置けば解決するが、それではかなりの数のごみ箱が必要になる。様々な方法があるが、結局は、市民一人一人が自分の住む町を自分の家のように自分自身のこととして考えるという、② 意識の変換が重要なのではないだろうか。

30 ① <u>いい方法かどうか分からない</u>とあるが、それはなぜか。

1　ポスターを貼るのに、時間やお金がかかるから

2　ポスターを貼っても、あまり見る人がいないから

3　ポスターで呼びかけなくても、ポイ捨てはいけないと知っているから

4　ポスターを貼る場所が、あまりないから

31 ② <u>意識の変換</u>の意味として正しいものは何か。

1　自分の住む町に感謝すること

2　自分の住む町に自信を持つこと

3　自分の住む町の文化を守ること

4　自分の住む町に責任を持つこと

32 この文章を書いた人が考えた方法と合うものは何か。

1　ゴミを持ち帰るための袋を配布すること

2　ゴミを捨てた人に、お金を払わせること

3　ゴミ拾いのボランティアを導入すること

4　道にゴミを捨てないように監視員を配置すること

4回

問題6 つぎの文章を読んで、質問に答えなさい。答えは、1・2・3・4から一つ最もよいものをえらびなさい。

　大学を卒業したのに、私は就職していない。いくつかの会社の就職説明会に行ったが、結局 ① 試験は受けなかった。気持ちが全く動かなかったのだ。先生や友達は心配してくれたが、両親は少し怒っているようだった。実はずっと憧れの仕事があり、就職する気になれなかったのは、そのせいだ。

　その職業とは小説家だ。私は子供の頃から本が大好きだった。本を読んでいると、様々なアイデアが浮かんでくる。書店に行き、ここに自分の作品が並ぶことを想像すると、② わくわくする。同時に、こんなにたくさんの作家がいるのに、私になれるわけがないとも思ってしまう。それで、何もできないまま時間だけが過ぎていった。

　ある時、新人の小説家のイベントに参加した。そこで彼は、小説家になるために必要なたったひとつのことを教えてくれた。彼の話はとても興味深く、それまで何も行動できなかった私の背中を押してくれた。小説家になるために必要なことと言えば、普通は新しいストーリーを考える想像力や、文章を上手に書く才能ではないかと考える。けれど彼はこう言った。「面白くなくてもいいんです。途中で話が矛盾してもいいんです。書き始めたらとにかく書き切ることです。それが小説家としての ③ 唯一の条件です。そうやって書いているうちに自分の書きたいことも見えてくるし、文章の技術も上達します。」言われてみれば、その通りだ。どんなに文章のセンスや知識があっても、作品として形にならなければ意味がない。

　彼の話を聞いて、それなら私にもできると思った。家に帰ってすぐにパソコンの前に向かって、小説を書き始めた。今、私はアルバイトをしながら、夢に向かって頑張っている。頑張ればいつか両親も応援してくれるだろうし、きっと夢はかなうと信じている。

33 ① 試験は受けなかったとあるが、その時の「私」の気持ちをよくあらわすものは何か。

1 自分なんかがどうせ受かるはずがない。

2 自分が求めている仕事はこれじゃない。

3 試験を受けに行くのがめんどくさい。

4 夢に向かって積極的に頑張りたい。

34 ② わくわくするとはどんな気持ちか。

1 あきらめたい気持ち

2 不安な気持ち

3 不思議な気持ち

4 期待する気持ち

35 ③ 唯一の条件とは何か。

1 小説家になるという強い意志

2 生まれ持ったセンスや才能

3 作品を最後まで完成させる力

4 人と違うテーマを見つける視点

36 「私」について合っているものは何か。

1 「私」は新人作家の作品に影響を受けた

2 「私」は新人作家の言葉に勇気をもらった

3 「私」は新人作家のアドバイスで小説が上達した

4 「私」は新人作家の夢を応援している

4 回

問題7　　右のページは、「サマーキャンプ募集」の案内である。これを読んで、下の質問に答えなさい。答えは、1・2・3・4から最もよいものを一つえらびなさい。

37　このキャンプが条件に合う人は何人いるか。

A　アリさん	B　キムさん
a　日本の大学に在学中 b　日本人だけでなく、たくさんの国の友達を作りたい c　社会人の友人と一緒に参加できるキャンプを探している	a　韓国の大学に在学中 b　夏休みに日本に行って、日本の友達を作りたい c　大学生が多く参加するキャンプを探している
C　広田さん	D　長野さん
a　大学1年生 b　英語だけの環境の中で英語の会話力をのばしたい c　3泊4日で参加できるキャンプを探している	a　高校2年生 b　いろんな価値観を持った人たちと交流したい c　3万円以内で行けるキャンプを探している

1　0人

2　1人

3　2人

4　3人

38　このキャンプについて正しいものは何か。

1　夏休みにみんなで勉強をするためのキャンプである。

2　募集の人数は特に決まっていない。

3　8月3日にキャンセルした場合、キャンセル料はかからない。

4　参加費を振込むと、案内のパンフレットをもらうことができる。

サマーキャンプ募集

ワールドサマーキャンプは、日本の高校生や大学生が、世界各地からの留学生と共に過ごすことで、お互いの文化や価値観を知り、共有することを目的としています。夏休みは勉強などで忙しい時期だと思いますが、国際交流はもちろん、学校だけでは出会えない、多くの友達ができ、想像以上の楽しさです。友達・兄弟を誘っての参加も大歓迎です。みなさまの参加を心よりお待ちしています。

【募集要項】

日程：８月９日（火）〜８月12日（金）
会場：青少年の家
募集対象：国内在住 の大学生、高校生、留学生（国籍は問いません）
　　　　　異文化交流に興味と意欲を持っている方

参加費：30,000円（参加費、交通費、国内旅行保険を含む）
募集締切：定員になりしだい終了

【キャンセル料】

1週間前まで	なし
3日前まで	50%
前日・当日	全額

【お問い合わせ】

TEL：03‐6206‐1915（平日9：00〜17：00）

【参加までの流れ】

① お電話でお申し込みをします。
② 指定口座へのお振込みをします。
③ お支払いが確認できしだい、パンフレットを送付します。

※ 参加費は出発の10日前までにお振込みください。

4
回

N3

聴解
（ちょうかい）

（40分）

注　意
Notes

1. 試験が始まるまで、この問題用紙を開けないでください。
   Do not open this question booklet until the test begins.

2. この問題用紙を持って帰ることはできません。
   Do not take this question booklet with you after the test.

3. 受験番号と名前を下の欄に、受験票と同じように書いて
   ください。
   Write your examinee registration number and name clearly in each box below as written on your test voucher.

4. この問題用紙は、全部で13ページあります。
   This question booklet has 13 pages.

5. この問題用紙にメモをとってもいいです。
   You may make notes in this question booklet.

受験番号 Examinee Registration Number	

名 前 Name	

問題 1

　問題1では、まず質問を聞いてください。それから話を聞いて、問題用紙の1から4の中から、最もよいものを一つえらんでください。

れい

1　8時45分

2　9時

3　9時15分

4　9時30分

1 ばん

1 箱を教室に運ぶ

2 部活に行く

3 箱の数を確認する

4 教室の窓を閉める

2 ばん

1 布の白いリュック

2 革の茶色いリュック

3 革の黒いリュック

4 布の黒いリュック

3 ばん

1 食券を買う

2 店員にお金を払う

3 お金を両替する

4 銀行に行く

4 ばん

1 都心のマンション

2 郊外のマンション

3 都心のアパート

4 郊外のアパート

5 ばん

1 病院に行く
2 薬を飲む
3 会社で休む
4 家に帰る

6 ばん

1 お弁当の材料を買う
2 お弁当を作る
3 お菓子を買う
4 洗濯をする

問題2

　問題2では、まず質問を聞いてください。そのあと、問題用紙を見てください。読む時間があります。それから話を聞いて、問題用紙の1から4の中から、最もよいものを一つえらんでください。

れい

1　いそがしくて時間がないから

2　料理がにがてだから

3　ざいりょうがあまってしまうから

4　いっしょに食べる人がいないから

1 ばん

1 日本円をドルに換えたい

2 日本円をユーロに換えたい

3 ドルを日本円に換えたい

4 ユーロを日本円に換えたい

2 ばん

1 会社の商品が売れているから

2 新しい商品を考えなければならないから

3 山田さんの仕事もしているから

4 後輩が仕事でミスをしたから

3ばん

1 チケットが高いから

2 チケットが取れないから

3 コンサートの場所が遠いから

4 DVDのほうがよく見えるから

4ばん

1 新聞記者になるため

2 大学院に入るため

3 医者になるため

4 弁護士になるため

5 ばん

1 絵
2 野球
3 水泳
4 絵と水泳

6 ばん

1 クラス会の連絡をするため
2 仕事を紹介するため
3 久しぶりに話がしたかったから
4 映画に誘うため

問題3

　問題3では、問題用紙に何もいんさつされていません。この問題は、ぜんたいとしてどんなないようかを聞く問題です。話の前に質問はありません。まず話を聞いてください。それから、質問とせんたくしを聞いて、1から4の中から、最もよいものを一つえらんでください。

－ メモ －

問題4

問題4では、えを見ながら質問を聞いてください。やじるし(➡)の人は何と言いますか。
1から3の中から、最もよいものを一つえらんでください。

れい

1 ばん

2 ばん

3 ばん

4 ばん

問題5

　問題5では、問題用紙に何もいんさつされていません。まず文を聞いてください。それから、そのへんじを聞いて、1から3の中から、最もよいものを一つえらんでください。

ーメモー

JLPT FINAL TEST N3

파이널 테스트 5회

N3 파이널 테스트 채점표

자신의 실력이 어느 정도인지 확인할 수 있도록 임의적으로 만든 채점표입니다.
실제 시험은 상대 평가 방식이므로 오차가 발생할 수 있습니다.

언어지식 (문자·어휘·문법)

	회	배점	만점	정답 문항 수	점수
문자·어휘	문제 1	1점×8문항	8		
	문제 2	1점×6문항	6		
	문제 3	1점×11문항	11		
	문제 4	1점×5문항	5		
	문제 5	1점×5문항	5		
문법	문제 1	1점×13문항	13		
	문제 2	1점×5문항	5		
	문제 3	1점×4문항	4		
합계			57점		

*점수 계산법 : 언어지식(문자·어휘·문법) [   ]점÷57×60 = [   ]점

독해

	회	배점	만점	정답 문항 수	점수
독해	문제 4	3점×4문항	12		
	문제 5	4점×6문항	24		
	문제 6	4점×4문항	16		
	문제 7	4점×2문항	8		
합계			60점		

청해

	회	배점	만점	정답 문항 수	점수
청해	문제 1	2점×6문항	12		
	문제 2	2점×6문항	12		
	문제 3	3점×3문항	9		
	문제 4	2점×4문항	8		
	문제 5	2점×9문항	18		
합계			59점		

*점수 계산법 : 청해 [   ]점÷59×60 = [   ]점

N3

げんごちしき (もじ・ごい)

(30ぷん)

ちゅうい
Notes

1.　しけんが　はじまるまで、この　もんだいようしを　あけないで　ください。
　　Do not open this question booklet until the test begins.

2.　この　もんだいようしを　もって　かえる　ことは　できません。
　　Do not take this question booklet with you after the test.

3.　じゅけんばんごうと　なまえを　したの　らんに、じゅけんひょうと　おなじように
　　かいて　ください。
　　Write your examinee registration number and name clearly in each box below as written on your
　　test voucher.

4.　この　もんだいようしは、ぜんぶで　7ページ　あります。
　　This question booklet has 7 pages.

5.　もんだいには　かいとうばんごうの　1、2、3 …が　ついて　います。
　　かいとうは、かいとうようしに　ある　おなじ　ばんごうの　ところに　マークして　く
　　ださい。
　　One of the row numbers 1, 2, 3 … is given for each question. Mark your answer in the same
　　row of the answer sheet.

じゅけんばんごう　Examinee Registration Number	

なまえ　Name	

問題1 _____のことばの読み方として最もよいものを、1・2・3・4から一つえらびなさい。

1 毎日犬のシートを変えるのは面倒です。

1 めんどう　　　　2 めんとう　　　　3 めいどう　　　　4 めいとう

2 会議が終わったら、電気を消してください。

1 うつして　　　　2 しめして　　　　3 さして　　　　4 けして

3 応援するために、かるく肩をたたきました。

1 あき　　　　2 かた　　　　3 あくび　　　　4 いき

4 妹はしょうらい偉い人になりたいそうです。

1 えらい　　　　2 にがい　　　　3 いい　　　　4 ありがたい

5 友人に子どもが生まれて、お祝いのプレゼントを買いました。

1 おさいわい　　　　2 おねがい　　　　3 おいわい　　　　4 おしまい

6 自然環境を求めてこの町に来ました。

1 もとめて　　　　2 みとめて　　　　3 まとめて　　　　4 つとめて

7 新しいパソコンは今までのより少し価格が高いです。

1 かがく　　　　2 ねがく　　　　3 かかく　　　　4 ねかく

8 10年後、この会社で成功したいです。

1 じっこう　　　　2 じょうこ　　　　3 せいこう　　　　4 せんこう

問題2 ＿＿＿＿のことばを漢字で書くとき、最もよいものを、1・2・3・4から一つえらびなさい。

9 新商品のこうこくは人気をあつめている。

　　1　広告　　　　　2　公伝　　　　　3　拾告　　　　　4　宣伝

10 レストランのメニューにきんがくが書いていません。

　　1　金須　　　　　2　金頭　　　　　3　金額　　　　　4　金顔

11 彼の音楽を聞くといつもねむくなります。

　　1　疲く　　　　　2　寝く　　　　　3　眼く　　　　　4　眠く

12 この写真集にはふしぎな動物がいっぱいのっている。

　　1　不思疑　　　　2　不思擬　　　　3　不思義　　　　4　不思議

13 子どもが花びんをつよくなげました。

　　1　投げました　　2　曲げました　　3　割げました　　4　払げました

14 もう一度きかいをあたえたいです。

　　1　機械　　　　　2　機会　　　　　3　期回　　　　　4　期会

5
回

問題3 （　　　　）に入れるのに最もよいものを、1・2・3・4から一つえらびなさい。

15　この薬には、頭痛に特によく（　　　　　　）成分が入っています。

1　聞く　　　　　　2　効く　　　　　　3　解く　　　　　　4　書く

16　ここは、道が（　　　　　　）車は通れません。

1　こまかくて　　　2　ひろくて　　　　3　ほそくて　　　　4　ちいさくて

17　どんなに大変でも、先生になるという夢は（　　　　　　）ください。

1　とめないで　　　　　　　　　　2　やめないで

3　うんざりしないで　　　　　　　4　あきらめないで

18　この町は海に近く、外国との（　　　　　　）によって発展してきたそうです。

1　貿易　　　　　　2　交通　　　　　　3　環境　　　　　　4　留学

19　多くの学生と両親から（　　　　　　）される教師になりたいと思っています。

1　尊敬　　　　　　2　反対　　　　　　3　参加　　　　　　4　賛成

20　面接でいい印象を（　　　　　　）ためには、表情も服も重要です。

1　あげる　　　　　2　うける　　　　　3　くれる　　　　　4　あたえる

21　最近目が悪くなってきたのは、年を（　　　　　　）せいであると思う。

1　過ぎた　　　　　2　取った　　　　　3　明けた　　　　　4　食べた

22　火を消すのを忘れていて、やいていた魚が（　　　　　　）しまった．

1　こわれて　　　　2　かれて　　　　　3　こげて　　　　　4　とけて

23　資料が（　　　　　　）にならないようにクリップをとめました。

1　ばらばら　　　　2　うきうき　　　　3　にこにこ　　　　4　はらはら

24 入り口で発表会の（　　　　　）を受け取ったら席にお座りください。

1 ノック　　　　　　2 マンション　　　3 パスポート　　　4 パンフレット

25 わたしはすっぱいものが（　　　　　）なので、みかんはあまり食べません。

1 清潔　　　　　　　2 苦手　　　　　　3 上手　　　　　　4 頑丈

問題4 _____ に意味が最も近いものを、1・2・3・4から一つえらびなさい。

26 このサイトは旅行プランを立てるのにとても便利です。

1 意見 　　　　 2 理由 　　　　 3 計画 　　　　 4 決まり

27 明日大事な試験があるので、本田さんはおそらくパーティーに出席しないだろう。

1 たしかに 　　　 2 たぶん 　　　 3 たとえ 　　　 4 もちろん

28 わたしの周りには冷静な人があまりいないです。

1 しつこい 　　 2 つめたい 　　 3 落ち着いた 　 4 するどい

29 昨日買ってきた牛乳を飲みやすくするために温めました。

1 味をあまくしました 　　　　 2 味をにがくしました

3 温度をひくくしました 　　　　 4 温度を高くしました

30 昨日はやることがなくてとてもつまらない一日だった。

1 おもしろい 　　　　 2 たのしい

3 かなしい 　　　　 4 たいくつな

問題5　つぎのことばの使い方として最もよいものを、1・2・3・4から一つえらびなさい。

31 中身

1 図書館は小学校の<u>中身</u>に位置しています。

2 母には<u>中身</u>で父と映画を見に行ってきました。

3 台風は山の<u>中身</u>まで影響を与えた。

4 あの箱の<u>中身</u>が何か知っていますか。

32 仲直り

1 先日出したレポートの日本語を<u>仲直り</u>してもらった。

2 テレビの画面がでないので、<u>仲直り</u>してください。

3 手にけがをしたので、病院に行って医者に<u>仲直り</u>してもらった。

4 友達とけんかをしてしまったので、謝って<u>仲直り</u>したい。

33 囲む

1 人間はコンピューターに<u>囲まれて</u>他人とあまり話さなくなっている。

2 カメラを<u>囲んで</u>見ると、ものが違って見えるときがあります。

3 母の誕生日プレゼントを店員にきれいに<u>囲んで</u>くれるように頼みました。

4 来年の予算は2おく円を<u>囲む</u>と言われています。

[34]　支給

1　創立20周年を記念して、200名のお客様にプレゼントを<u>支給</u>する予定です。

2　新しい会社は<ruby>通勤<rt>つうきん</rt></ruby>にかかる交通費を<ruby>全額<rt>ぜんがく</rt></ruby><u>支給</u>してくれるそうだ。

3　卒業論文は今週までに<u>支給</u>しに行く。

4　会議が始まる前に、この資料をコピーして<u>支給</u>してください。

[35]　ふせぐ

1　全部食べ終わったお皿は店員に頼んで<u>ふせい</u>でもらいました。

2　現在のわたしたちにとって、もっとも重要なことは地球環境を<u>ふせぐ</u>ことです。

3　この道路でよく起きる交通事故を<u>ふせぐ</u>ために地域の代表が集まって話し合いをしている。

4　子どもが近くで<u>ふせい</u>でいるのかうるさくて<ruby>昼寝<rt>ひるね</rt></ruby>ができない。

N3

言語知識（文法）・読解

（70分）

注　意
Notes

1. 試験が始まるまで、この問題用紙を開けないでください。
   Do not open this question booklet until the test begins.

2. この問題用紙を持って帰ることはできません。
   Do not take this question booklet with you after the test.

3. 受験番号と名前を下の欄に、受験票と同じように書いて
   ください。
   Write your examinee registration number and name clearly in each box below as written on
   your test voucher.

4. この問題用紙は、全部で18ページあります。
   This question booklet has 18 pages.

5. 問題には解答番号の 1 、 2 、 3 …が付いています。解答は、
   解答用紙にある同じ番号のところにマークしてください。
   One of the row numbers 1 , 2 , 3 … is given for each question. Mark your answer in the same
   row of the answer sheet.

受験番号 Examinee Registration Number	

名前 Name	

問題1 つぎの文の（　　　　　）に入れるのに最もよいものを、1・2・3・4から一つえらびなさい。

1 奥さんはやせたほうがいいと何度も言いましたが、田中（たなか）さんは（　　　　　）心配していませんでした。

   1 必ず　　　　　　2 非常に　　　　　　3 かえって　　　　　4 あまり

2 鈴木（すずき）さんは仕事の時間が変わってから、夜遅く食事をする（　　　　　）なって1年で10キロも太りました。

   1 ために　　　　　2 ように　　　　　　3 うちに　　　　　　4 あいだに

3 A町の図書館には、本（　　　　　）、雑誌やCDなどもおいてある。

   1 によって　　　　2 に比べて　　　　　3 のことで　　　　　4 のほかに

4 気温が急に下がると、体の調子が悪く（　　　　　）ので、体調の管理に注意してください。

   1 なりにくい　　　2 しにくい　　　　　3 なりやすい　　　　4 しやすい

5 もしあなたが（　　　　　）、わたしも一緒に歌います。

   1 歌いながら　　　2 歌うなら　　　　　3 歌っても　　　　　4 歌うと

6 A「明日、息子さんとうちに遊びに来ませんか。」

   B「ありがとうございます。何時（　　　　　）がいいですか。」

   1 しか　　　　　　2 だけ　　　　　　　3 ごろ　　　　　　　4 ばかり

7 今朝の天気予報によると今年の冬は去年の冬より（　　　　　）です。

   1 寒くならないそう　　　　　　　　　2 寒くなるらしい

   3 寒いらしい　　　　　　　　　　　　4 寒くするそう

8 （学校で）

学生「先生、この前に出したレポートを（　　　　　）。」

先生「あ、あの説明じゃちょっと分かりにくいな。」

学生「では、もう一度書いてきます。」

1　読んでいただけましたか　　　　　2　お読みしましたか

3　拝見しましたか　　　　　　　　　4　うかがいましたか

9 A「あのう、すみません、何か書くものを貸してくれませんか。」

B「こんなボールペンで（　　　　　）どうぞ。

1　いいと　　　　　2　よくても　　　　3　よくて　　　　4　よければ

10 お母さんは、前からフランスに（　　　　　）と言っていたので今回一緒に旅行

するつもりです。

1　行きたがる　　　2　ほしがる　　　3　行きたい　　　4　ほしかった

11 A「東京銀行の山下と申しますが、山本課長は（　　　　　）。」

B「お約束ですか。」

1　おりますか　　　　　　　　　　2　ご覧になりますか。

3　まいりますか　　　　　　　　　4　いらっしゃいますか

12 最低限のコミュニケーションの技術は強制的にでも子どもに（　　　　　）と思う。

1　覚えるようになれる　　　　　　2　覚えさせなければならない

3　覚えさせられなければならない　4　覚えられるようにさせる

13 健康のために朝ごはんをたくさん食べ、晩ごはんは、野菜を多くして、肉はなる

べく（　　　　　）います。

1　食べるようになって　　　　　　2　食べられるようになって

3　食べるようにできて　　　　　　4　食べないようにして

5
回

問題2 つぎの文の＿★＿ に入れる最もよいものを、1・2・3・4から一つえらびなさい。

（問題例）

つくえの ＿＿＿ ＿＿＿ ＿★＿ ＿＿＿ あります。

1 が　　　　　2 に　　　　　3 上　　　　　4 ペン

（解答のしかた）

1. 正しい答えはこうなります。

> つくえの ＿＿＿ ＿＿＿ ＿★＿ ＿＿＿ あります。
>
> 3 上　　2 に　　4 ペン　　1 が

2. ＿★＿ に入る番号を解答用紙にマークします。

（解答用紙）　| (例) | ① ② ③ ● |

---

14 清水さんは旅行に ＿＿＿ ＿＿＿ ＿★＿ ＿＿＿ くれる。

1 おみやげを　　　2 買ってきて　　　3 たびに　　　　4 行く

15 （電話で）

A「もしもし、みほ、ごめん。 ＿＿＿ ＿＿＿ ＿★＿ ＿＿＿ 進まない。

　　約束時間に結構遅れそう。」

B「あ、そう。分かった。」

1 道が渋滞していて　　　　　　　2 全然前に

3 車が　　　　　　　　　　　　　4 工事のせいで

16 もう少しお金が ＿＿＿＿ ＿＿＿＿ ＿★＿ ＿＿＿＿ 思います。

1　世界旅行に　　　2　行こう　　　　3　と　　　　　　4　たまったら

17 休みの日は、友達と食事をしたり映画を ＿＿＿＿ ＿＿＿＿、 ＿★＿

＿＿＿＿ 一日中家ですごしています。

1　か　　　　　　　　　　　　　2　見にいったりする

3　どこにも出かけずに　　　　　4　または

18 今回の彼の新作は、友情がテーマになっている ＿＿＿＿ ＿＿＿＿ ＿★＿

＿＿＿＿ 大きく違う。

1　発表されてきた　　　　　　　2　という点で

3　彼の作品とは　　　　　　　　4　これまでに

5
회

問題3 つぎの文章を読んで、文章全体の内容を考えて、 19 から 23 の中に入る最もよいものを、1・2・3・4から一つえらびなさい。

日本の電車

　日本では電車は、「快速」「急行」「各駅」などに分けられています。でも、日本ではじめて電車に乗ったとき、わたしはその言葉の意味がまだ分かりませんでした。それで、電車を区別せずに 19 。あさ、出勤するとき、ホームに来た電車をよく確認しないでそのまま乗りました。それでも目的の場所にきちんと着きました。 20 、夕方帰宅するときは、わたしが降りる駅に止まらず過ぎていってしまいました。

　その日の夜、友達は止まる駅が一番少ないのは「快速」、その次は「急行」、すべての駅にとまるのが「各駅」だと説明してくれました。電車の中には追加料金をとる電車 21 あるそうです。でも、それを理解してうまく使えば、通勤時間が短くできるということが分かりました。

　今はもう慣れて、正しく乗れるようになりましたが、それでも時々急いでいるときは間違えて 22 。

19

1　乗ってしまったのです

2　乗ってしまったからです

3　乗ってしまったかもしれません

4　乗ってしまったからかもしれません

20

1　また　　　　　　　2　たとえば　　　3　それに　　　　4　ところが

21

1　も　　　　　　　　2　と　　　　　　3　だけ　　　　　4　より

22

1　乗るだろうと思います

2　乗ったのでしょうか

3　乗ったことがあります

4　乗ることがあります

問題4　つぎの（1）から（4）の文章を読んで、質問に答えなさい。答えは、1・2・3・4から最もよいものを一つえらびなさい。

（1）

これは、山根部長が部下へ送ったメールである。

プレゼンテーション準備の件

　先日のプレゼンテーション、お疲れ様でした。

　よかった点、また、気になった点がありましたので、次回のために、参考にしてください。

　よかった点は声の大きさと、話すときの態度です。コミュニケーションがよく取れていて、取引先も興味を持って聞いてくれていました。ただ、資料の量は調節が必要です。情報が多すぎて、逆にポイントが分かりにくくなっていました。

　全体的にはよかったと思いますので、この調子で次回も頑張ってください。

山根

23　部下が直さなければならない点は何か。

1　相手に分かりやすいように大きな声で話すこと

2　資料を減らして、ポイントを明確にすること

3　もっと写真などを多く入れて、見やすい資料にすること

4　相手ともっと積極的なコミュニケーションをとること

（2）

これはバレーボールのメンバー募集の広告である。

メンバー募集

湘南クラブでは一緒にバレーボールをする仲間を募集しています。

3ヵ月後の試合に出てくれるメンバーが足りなくて困っています。

わたしたちに力を貸してください！

　　練習日：毎週水曜日・土曜日

　　場所：梅が丘小学校　体育館

　　会費：月1,000円

試合前なので休まず参加できる、やる気のある方。

経験者の方なら週末だけでもかまいません。

初めての方もやさしいコーチが一からていねいに教えます。

ご希望の方はまずはお気軽に見学に来てください。

ご連絡をお待ちしています。

5
回

24　このクラブでは、どんな人を募集しているか。

　　1　未経験者で、練習に必ず参加できる人

　　2　経験者で、バレーボールを教えることができる人

　　3　未経験者で、土曜日だけ練習に参加できる人

　　4　バレーボールが上手で試合だけでも出れる人

（3）

　今年70になる母を見ていて、いつも<u>すごいなあと思うことがあります</u>。飛行機や電車の中で隣に座った人や、スーパーでちょっと立ち話をした人など、短い時間でも誰とでもすぐに仲良くなってしまうことです。それも、同年代の人だけでなく、40代でも30代でも関係ありません。母に「コツ」を聞くと、あまり年齢は考えないで、自分のほうから積極的に話しかけて、相手に興味を持つことかしらね、と答えてくれました。

25　<u>すごいなあと思うことがあります</u>とあるが、それは何か。

　　1　スーパーで安い品物を見つけること

　　2　どこへでも、積極的に旅行に行くこと

　　3　すぐに誰とでも親しくなること

　　4　どんなことにでも興味を持つこと

（４）

　昨日、学校の帰りに、ある小さな個人商店で飲み物を買いました。それは５つの飲み物が１パックになっているものです。とてものどが渇いていたので、すぐに１つ飲んだのですが、家に帰ってから、もう１つ飲もうとしたとき、賞味期限が５日も過ぎていることに気がつきました。お腹を壊さないかと心配しながら、残りの４つを持って<u>お店に行きました</u>。お店の人は棚の中から新しい商品を取り出し、わたしにくれました。

26　　<u>お店に行きました</u>とあるが、なぜお店に行ったのか。

　　１　のどが渇いたので、飲み物を買うために行った。

　　２　お店の商品でお腹を壊したので文句を言いに行った。

　　３　お店で買った商品が古かったので新しいものに交換しに行った。

　　４　お店で買った商品の数が足りなかったのでもらいに行った。

5
회

問題5　つぎの（1）と（2）の文章を読んで、質問に答えなさい。答えは、1・2・3・4から最もよいものを一つえらびなさい。

（1）

　私が初めて台湾を訪れたとき、季節は夏でとにかく暑かった。ファンだった歌手の握手会があると聞き、すぐに飛行機のチケットを取ったのだ。当日、会場に少し早く着きすぎてしまった私は、何をして時間をつぶそうかと考えた。おいしい料理やスイーツもいいと思ったが、台湾に来たら一度行ってみたい場所があった。それはある映画の舞台となった場所で、景色が非常に美しく、ぜひそこで記念撮影をしたいと思った。幸い何とか歩ける距離だったので、地図を片手に私は歩き始めた。

　しかし、思った以上の暑さで持っていた水はすぐになくなった。道もよく分からない。本当にたどり着けるのだろうか。① ドキドキしながら歩いていると、小さな会社の前を通りかかった。たまたま人がいたので、地図を指差しながら、「ここに行きたい」と下手な中国語で話すと、ここをまっすぐ行くと、丘があるからそこを登ると一番上にある、と教えてくれた。

　私は暑さで倒れそうになりながらひたすら歩いた。そして、坂の入り口まで来ると、なぜか、さっきの人がバイクを止めて立っていた。そして私の姿を見つけると、この坂は歩いて登るのは大変だから、と言い、私を乗せてくれたのだ。私はとても感動して、お礼を言った。② このことは今でもずっと忘れられない思い出だ。

27 「私」が台湾に行った目的は何か。

1 好きな歌手のイベントに参加するため

2 おいしい料理やスイーツを食べるため

3 映画の舞台で写真を撮るため

4 実際に中国語を使ってみるため

28 「私」はなぜ① ドキドキしたのか。

1 気温があまりにも暑かったから

2 もうすぐ好きな歌手に会えるから

3 美しい景色に感動したから

4 初めての場所で不安になったから

29 ② このこととはどんなことか。

1 気温がとても高く、つらかったこと

2 美しい景色の前で写真を撮ったこと

3 現地の人が親切にしてくれたこと

4 わたしの中国語が通じたこと

（2）

　私の先生は物を大切にする人です。穴のあいたくつ下は丁寧に直してはき、何年も同じ服を大切に着ます。先生のだんなさんも同じように物を大切にする人だそうです。

　ある日二人で、お金をおろしに銀行へ行った帰り，後ろから来た男にいきなりお金の入った封筒を奪われてしまったことがあったそうです。中には数百万円もの大金が入っていました。あわてて交番に届けに行ったのですが、二人の着ているものがあまりにも質素だったので、「そんな大金を持っていたはずがない」と、おまわりさんに信じてもらえなかったそうです。

　このおまわりさんのような人は多いと思います。人が人を判断するとき、持っているものや着ている服、家庭の環境、学歴、成績などでその価値を判断することがよくあると思います。でも、私は、できることが多い人や持っている物が多い人が偉いわけではないと思っています。だから、そういうことで人に対する態度を変える人はあまり心がきれいではないと思います。誰にでも変わらず接することのできる、暖かい心を持った人が本当に価値のある人なのではないでしょうか。

30 二人の身なりがあまりにも質素^{しっそ}だったのはなぜか。

1　着るものに興味がないから

2　新しい服を買うお金がないから

3　同じ服を大事に着続けていたから

4　男に服を盗まれてしまったから

31 このおまわりさんのような人とはどんな人か。

1　自分の仕事をきちんとしない人

2　すぐに嘘をつく人

3　人の話を信じない人

4　人を外見で判断する人

32 この文章を書いた人の考えと合っているものは何か。

1　人の価値は心で決まる。

2　価値のない人間はいない。

3　家庭環境は大事である。

4　収入と学歴^{がくれき}は関係がない。

問題6　つぎの文章を読んで、質問に答えなさい。答えは、1・2・3・4から一つ最もよいものをえらびなさい。

　飛行機の中で具合が悪くなる人は、1つの航空会社だけでも、毎年200人を超えます。

　5～6年前、国際線の飛行機に乗ったときのことです。乗務員さんが「お客様の中に、お医者様はいらっしゃいませんか。」と言いながら、席を回っていました。しかし、誰も手を上げる人がいませんでした。それは、そのとき本当に医者がいなかったからかもしれません。でも、ひょっとしたら、乗っていても名乗り出なかっただけかもしれません。

　私の知り合いに医者がいます。医者はいつでも人を助けたいという気持ちを持っているそうですが、それでも飛行機で名乗り出るには少し迷うそうです。それは、飛行機の中の医療機器がきちんと揃っていないからです。患者を診るための機器が十分でないので、正しく診断することもできないし、正しく処置をすることも難しいのです。そして、十分な医療行為ができないまま、亡くなってしまった場合、または悪化してしまった場合、その医者が訴えられる可能性もあります。医者にとっても難しい選択なのです。また、私たちの立場から考えても、「私は医者です」と言って出てきた人が、本当に医者かどうかを確認することができないのは、恐ろしいことだと思います。

　最近、航空会社への医者の登録制度ができたそうです。これによって、事前に飛行機の中に医者がいるかどうかが分かっている状態になりました。でも、日本に30万人いる医者の中で、この制度に登録している医者は6,000人で、あまり多いとは言えません。それは、先ほど述べた問題が一番大きな原因です。

　今後、この問題が解決して、登録する医者が増えれば、より安心して飛行機に乗ることができるようになるかもしれません。ただ、何よりも重要なことは、海外旅行をしたり、用事があって飛行機に乗るときなどに、自分の体調をよく見極めることだと思います。ときにはキャンセルしたり、延期したりすることも必要です。自分の体は自分が守るという気持ちが大事だと思います。

33 乗っていても名乗り出なかっただけかもしれませんとあるが、この文章を書いた
人はなぜそう考えるのか。

1 医者も、お金をもらわないで働きたくないだろうから

2 施設の整っていない飛行機で患者を診るのはリスクがあるから

3 本物の医者かどうか疑われるのが嫌だと思うから

4 旅行中に仕事をするのは面倒だと思うから

34 医者の登録制度ができたことによって、どんな問題が解決するか。

1 飛行機の中で高度な医療行為をすることができる。

2 病人が発生してから医者を探す必要がなくなる。

3 いつでも安心して飛行機に乗ることができる。

4 飛行機の中に必ず医者が乗るようになる。

35 登録する医者を増やすためにはどうしたらいいと言っているか。

1 登録制度を簡単にする。

2 患者を診察した医者にお金を払う。

3 患者を正しく見るための施設を整える。

4 登録した医者の飛行機代を無料にする。

36 この文章を書いた人が一番大切だと思っていることは何か。

1 飛行機に乗る人自身が自分の健康状態を知って判断すること

2 より多くの医者が登録制度に参加すること

3 医者が人を助けたいという気持ちをもっと強く持つこと

4 飛行機の中で具合が悪くなったら、すぐに乗務員に伝えること

5
회

問題7　　右のページは、大学の大学会館に掲示された「アルバイトの求人広告」である。これを読んで、下の質問に答えなさい。答えは、1・2・3・4から最もよいものを一つえらびなさい。

37　大学生のひろこさんは、子どもや動物が好きで、どちらかに関わるアルバイトがしたいと思っている。動物に関する専門知識はない。学校があるので、週に2、3回を希望。パソコンのスキルはない。ひろこさんの条件に合うアルバイトは何か。

1　①　　　　　　　2　②　　　　　　　3　③　　　　　　　4　④

38　掲示された求人広告に応募したい場合、学生はまず、何をしなければならないか。

1　学生会館に連絡をして、企業などに連絡を取ってもらう。

2　アルバイトを希望する企業などに自分で連絡を取る。

3　学生会館で、雇用契約書を発行してもらう。

4　アルバイトを希望する企業に、履歴書を送る。

◉　**アルバイト①　ペットショップ**
・仕事内容：接客、清掃、散歩などのペットのお世話
・時給：９５０円
・土日できる方大歓迎
・週４日、５時間以上できる方

◉　**アルバイト②　塾の講師**
・仕事内容：小学生の算数、国語の指導
・時給：１，５００円
・週３回、１回６０分

◉　**アルバイト③　動物病院**
・仕事内容：動物病院の受付、清掃
・時給：８００円
・週１回から可能
・ワード、エクセルできる方
・未経験者可能

◉　**アルバイト④　ペンション**
・仕事内容：ペンション内のレストランで調理補助
・時給：１，０５０円
・１日８時間労働
・施設内の寮に住み込みで働きます。光熱費、食費は無料です。

ー　**学生のみなさんへ**　ー
・大学会館事務所は大学より、アルバイトの求人情報の掲示を委託されています。
・希望するアルバイトがある場合は、自分で直接連絡をしてください。
・採用された場合は、必ず雇用契約書をもらってください。ない場合の契約はしないでください。
・採用後に、大学１階の大学会館まで、ご連絡お願いします。

５
回

N3

ちょう かい
聴解

（40分）

注　意
Notes

1. 試験が始まるまで、この問題用紙を開けないでください。
   Do not open this question booklet until the test begins.

2. この問題用紙を持って帰ることはできません。
   Do not take this question booklet with you after the test.

3. 受験番号と名前を下の欄に、受験票と同じように書いて ください。
   Write your examinee registration number and name clearly in each box below as written on your test voucher.

4. この問題用紙は、全部で13ページあります。
   This question booklet has 13 pages.

5. この問題用紙にメモをとってもいいです。
   You may make notes in this question booklet.

じゅけんばんごう 受験番号　Examinee Registration Number	

名 前　Name	

問題 1

　問題１では、まず質問を聞いてください。それから話を聞いて、問題用紙の１から４の中から、最もよいものを一つえらんでください。

れい

1　8時45分

2　9時

3　9時15分

4　9時30分

1ばん

1 配達を頼む
2 外食をする
3 料理教室に行く
4 コンビニのお弁当を食べる

2ばん

1 ボールペンを交換する
2 ボールペンを修理する
3 違うデザインのものを買う
4 お金を返してもらう

3ばん

1 ビール

2 ジュース

3 ピザ

4 お菓子

4ばん

1 Sサイズを買う

2 他のワンピースを買う

3 試着してから決める

4 何も買わない

5ばん

1 肉

2 テント

3 食器

4 車

6ばん

1

2

3

4

問題2

　問題2では、まず質問を聞いてください。そのあと、問題用紙を見てください。読む時間があります。それから話を聞いて、問題用紙の1から4の中から、最もよいものを一つえらんでください。

れい

1　いそがしくて時間がないから

2　料理がにがてだから

3　ざいりょうがあまってしまうから

4　いっしょに食べる人がいないから

1 ばん

1 サークルが遅く終わったから
2 電車の事故があったから
3 バスが渋滞していたから
4 友達とご飯を食べていたから

2 ばん

1 飾るのが好きではないから
2 めんどうくさいから
3 ペットが写真を倒すから
4 見せるのが恥ずかしいから

3 ばん

1 先生が親切だから

2 あまり待たなくていいから

3 院長と知り合いだから

4 お菓子をくれるから

4 ばん

1 水に住む生き物の絵

2 川をきれいにするアイデア

3 海をテーマにした作文

4 魚の面白い写真

5 ばん

1 食事を減らす

2 階段を利用する

3 スポーツをする

4 甘いものを食べない

5
回

6 ばん

1 バスに乗る

2 タクシーに乗る

3 歩く

4 迎えに来てもらう

問題3

　問題3では、問題用紙に何もいんさつされていません。この問題は、ぜんたいとしてどんなないようかを聞く問題です。話の前に質問はありません。まず話を聞いてください。それから、質問とせんたくしを聞いて、1から4の中から、最もよいものを一つえらんでください。

－ メモ －

問題4

問題4では、えを見ながら質問を聞いてください。やじるし (➡) の人は何と言いますか。1から3の中から、最もよいものを一つえらんでください。

れい

1番

2番

3 番

4 番

問題 5

　問題 5 では、問題用紙に何もいんさつされていません。まず文を聞いてください。それから、そのへんじを聞いて、1 から 3 の中から、最もよいものを一つえらんでください。

ーメモー

JLPT
N3 파이널 테스트 1회
정답 및 청해 스크립트

1교시 언어지식(문자 · 어휘)

문제 1 **1** ③ **2** ② **3** ④ **4** ① **5** ③ **6** ② **7** ① **8** ④

문제 2 **9** ① **10** ② **11** ③ **12** ① **13** ③ **14** ④

문제 3 **15** ③ **16** ① **17** ④ **18** ② **19** ④ **20** ③ **21** ① **22** ③ **23** ④ **24** ④ **25** ②

문제 4 **26** ② **27** ④ **28** ③ **29** ③ **30** ①

문제 5 **31** ④ **32** ① **33** ④ **34** ② **35** ③

1교시 언어지식(문법) · 독해

문제 1 **1** ② **2** ① **3** ③ **4** ④ **5** ① **6** ③ **7** ③ **8** ② **9** ① **10** ② **11** ③
12 ② **13** ④

문제 2 **14** ③ (4231) **15** ③ (1432) **16** ② (4123) **17** ① (4312) **18** ④ (1342)

문제 3 **19** ③ **20** ① **21** ② **22** ④

문제 4 **23** ② **24** ③ **25** ③ **26** ②

문제 5 **27** ④ **28** ① **29** ③ **30** ② **31** ③ **32** ④

문제 6 **33** ③ **34** ① **35** ④ **36** ②

문제 7 **37** ② **38** ②

2교시 청해

문제 1 **1** ④ **2** ② **3** ④ **4** ② **5** ③ **6** ①

문제 2 **1** ③ **2** ① **3** ② **4** ① **5** ④ **6** ③

문제 3 **1** ③ **2** ④ **3** ②

문제 4 **1** ① **2** ② **3** ③ **4** ②

문제 5 **1** ① **2** ② **3** ③ **4** ② **5** ② **6** ② **7** ① **8** ③ **9** ①

問題 1

問題1では、まず質問を聞いてください。それから話を聞いて、問題用紙の1から4の中から、最もよいものを一つえらんでください。

れい

ホテルで会社員の男の人と女の人が話しています。女の人は明日何時までにホテルを出ますか。

M では、明日は、9時半に事務所にいらしてください。

F はい、ええと、このホテルから事務所まで、タクシーでどのぐらいかかりますか。

M そうですね、30分もあれば着きますね。

F じゃあ、9時に出ればいいですね。

M あ、朝は道が混むかもしれません。15分ぐらい早めに出られたほうがいいですね。

F そうですか。じゃあ、そうします。

女の人は明日何時までにホテルを出ますか。

1 ばん

レストランで女の人が注文をしています。女の人はいくら支払いますか。

F すみません。ランチの飲み物は別料金ですか。

M 含まれていますよ。

F そうですか。あっ、ケーキもおいしそうですね。

M ケーキはプラス200円で付けられます。ただ、800円のランチだとチョコレートケーキだけで、1,100円のランチはすべてのケーキの中からお好きなものを選べます。

F 迷いますね…。でも、チョコレートは苦手だから…こちらにします。

M かしこまりました。

女の人はいくら支払いますか。

2 ばん

女の人と男の人が話しています。二人は次の週末どこに行きますか。

M ねえ、次の週末、美術館に行くって約束、覚えてる？

F 美術館に行くなら、来月にしない？ あなたの好きなヨーロッパ展が始まるんだって。

M えっ、そうなの。じゃあ、映画館でも行くか。

F それより今回は水族館か動物園にしない？ 私、生き物が見たいなあ。

M 生き物と言えば、今、犬が主人公の映画をやってるよね。面白そうだったけど、どう？

F それもいいね。じゃあ、そうしよう。

二人は次の週末どこに行きますか。

3 ばん

会社で女の社員と男の社員が話しています。男の社員はこのあと何をしますか。

F 悪いけど、3時からの会議で使う資料、人数分コピーしておいてもらえる？

M いいよ。でも、加藤がまだ、資料が出来上がってないんだよ。

F ええっ。もうお昼なのに間に合うの？

M 自分で何とかするしかないだろう。僕はこれから部長に呼ばれてるし。

F 今回だけ、手伝ってあげたら？

M そんな暇ないよ。すぐに行かなきゃ。

男の社員はこのあと何をしますか。

4 ばん

デパートで女の人が服を選んでいます。女の人は何を買いますか。

M 何をお探しですか。

F 冬物のスカートがほしいんですけど、ありますか。

M こちらはいかがですか。この靴とこのコートと合わせるとより素敵ですよ。

F わあ、このコート、暖かそうですね。

M 今、大変人気がありますよ。色は白と黒と茶色があります。

F 白もいいけど、今年の流行は茶色だから、こちらにします。

M かしこまりました。スカートはどうなさいますか。

F 今回は結構です。もう少し長いのがほしいので。

M では、こちらをお包みしますね。

5ばん

アルバイトの面接で、男の学生が店長と話しています。男の学生は1週間に何日働きますか。

F　アルバイトは初めて？

M　いいえ。今も週末にコンビニでアルバイトをしています。

F　そう。うちでも、できれば土日に働いてほしいんだけど、無理かな？

M　いえ。今月末で辞める予定なので、大丈夫です。

F　よかった。平日は？

M　火曜日と木曜日以外は働けます。

F　じゃあ、月、土、日でお願いしようかな。

M　ちょっとお金が必要で、もう少し増やしてほしいんですが。

F　そうなの。じゃあ、お客さんの多い金曜日もお願いするよ。

M　はい。よろしくお願いします。

男の学生は1週間に何日働きますか。

6ばん

男の人が区役所に電話をしています。男の人の取ったメモはどれですか。

F　はい。さくら市西区役所です。

M　すみません。ふるさと祭りのフリーマーケットに12日に参加したいんですが、何時までに会場に行けばいいんですか。

F　えーと、フリーマーケットの参加者は11日は午前11時、12日は8時半に集合です。

M　夕方の5時までで終了ですよね？

F　ええと、12日は6時に終了して片付けになります。

M　参加料はかかりますか。

F　1組1日につき500円で、キャンセルされても、お金は返金されません。それから、駐車場はありませんので、お気をつけください。

M　分かりました。ありがとうございます。

男の人の取ったメモはどれですか。

問題2

問題2では、まず質問を聞いてください。そのあと、問題用紙を見てください。読む時間があります。それから話を聞いて、問題用紙の1から4の中から、最もよいものを一つえらんでください。

れい

女の人と男の人がスーパーで話しています。男の人はどうして自分で料理をしませんか。

F　あら、田中君、お買い物？

M　うん、夕飯を買いにね。

F　お弁当？自分で作らないの？時間ないか。

M　いや、そうじゃないんだ。

F　じゃあ、作ればいいのに。

M　作るのは嫌いじゃないんだ。でも、一人だと…。

F　材料が余っちゃう？

M　それはいいんだけど、一生懸命作っても一人で食べるだけじゃ、なんか寂しくて。

F　それもそうか。

男の人はどうして自分で料理をしませんか。

1ばん

高校生の女の子と男の子が話しています。男の子は何を教えてもらいますか。

M　ねえ、田中さんって勉強得意だよね。教えてくれないかな。

F　得意でもないよ。この間の数学のテストもよくなかったし。

M　そうなの？僕もこの間の数学のテスト、全然解けなった。

F　ごめんね。英語と国語なら教えてあげられるんだけど。

M　僕は英語だけは自信があるんだ。

F　そういえば、アメリカに住んでたんだっけ。

M　まあね。じゃあ、数学はほかの人に頼むから、国語を頼むよ。

F　分かった。じゃあ、かわりに、英語を教えてね。

男の子は何を教えてもらいますか。

2ばん

女の人と男の人が話しています。女の人はだれに
似ていますか。

M この写真、吉田さんのお母さん？

F そうなの。そっくりでしょう？

M 本当だね。お父さんはどんな人なの？

F うちの父はすごく積極的な性格なの。反対に母は静
かな人。

M 吉田さんはおとなしい性格だよね。お母さんに似た
のか？

F きっと、そうね。

女の人はだれに似ていますか。

3ばん

男の人が話しています。男の人は海外で何をしていますか。

M 私は1年の半分を家族と離れて暮らしています。
日本が冬の間はずっと海外で働いてるのです。私の
会社は食品を作る会社ですが、冬になると、海外
にある工場が忙しくなり、そちらに工場の責任者と
して行きます。4月になると日本に戻って、新しい
商品を作ったり、スーパーやレストランなどで、商
品の営業をしたりします。新商品がよく売れると、
とても嬉しいです。

男の人は海外で何をしていますか。

4ばん

女の人と男の人が話しています。女の人は何を心配し
ていますか。

F 最近、太陽が沈むのが早いわね。

M そうだね。夕方から寒くなって、風邪をひきそうだよ。

F 5時には真っ暗だから、最近いつも学校まで娘を
迎えに行ってるの。

M 確かに、夜に一人で歩かせるのは心配だね。

F だから、冬は残業ができないのよ。

M 給料は減るけど、仕方がないね。

女の人は何を心配していますか。

5ばん

会社で女の人と男の人が話しています。女の人はどうし
て反対していますか。

M 田中さん、新企画の件だけど、僕はA案がいいと
思うんだけど、どう思う？

F 印象に残る点はいいんだけど、私はB案のほうがい
いと思う。

M 費用がちょっとかかりすぎかなあ。

F そういう問題じゃないのよ。去年の企画、覚えてる
でしょう？

M ああ、やっぱり、似てると思う？

F うん。今の時代を考えても、今回はB案でいいん
じゃないかな。

M そうか。じゃあ、B案で行こうか。

F それがいいと思う。

女の人はどうして反対していますか。

6ばん

病院で女の人が医者と話しています。女の人は薬をど
のように飲みますか。

F これは1回1錠ずつ飲むんですよね？

M はい。朝と昼はなしで、晩だけ1錠飲めばいいです
よ。

F 分かりました。飲むタイミングはいつですか。

M 寝る直前に飲むと、眠れなくなることもあるので、
食後に飲んでください。

F はい。ありがとうございました。

M お大事に。

女の人は薬をどのように飲みますか。

問題3

問題3では、問題用紙に何もいんさつされていません。
この問題は、ぜんたいとしてどんなないようかを聞く問
題です。話の前に質問はありません。まず話を聞いてく
ださい。それから、質問とせんたくしを聞いて、1から
4の中から、最もよいものを一つえらんでください。

れい

女の人が友達の家に来て話しています。

F1 田中です。

F2 あ、はい。昨日友達が泊まりに来てたんで、片付いてないけど、入って。

F1 あ、でもここで。すぐ帰るから。あのう、この前借りた本なんだけど、ちょっと破れちゃって。

F2 え、本当？

F1 うん、このページなんだけど。

F2 あっ、うん、このくらいなら大丈夫、読めるし。

F1 ほんと？ごめん。これからは気をつけるから。

F2 うん、いいよ。ねえ、入ってコーヒーでも飲んでいかない？

F1 ありがとう。

女の人は友達の家へ何をしに来ましたか。

1 謝りに来た

2 本を借りに来た

3 泊まりに来た

4 コーヒーを飲みに来た

1 ばん

女の人と男の人が映画の感想を話しています。

M 今日の映画、期待通りだったね。

F うん。でも、涙は全然出なかったなあ。

M あんまり好みの映画じゃなかったかな？

F そんなことないよ。主役の演技が上手だった。

M 確かに。重いテーマだけど、笑えるところも多かったね。

F そうそう。2時間半があっという間だった。

M また、いい映画があったら見に行こう。

F うん。

女の人はその映画についてどう思っていますか。

1 感動的で泣ける映画だった

2 好みの映画ではないが、泣けた

3 役者の演技がよく、楽しめた

4 テーマが重く、退屈だった

2 ばん

携帯ショップで男の人が店員と話しています。

F いらっしゃいませ。携帯電話をお探しですか。

M 今、この携帯電話使ってるんだけどね、毎月の利用代金が高いんだよ。

F 料金プランの変更をお考えですか。

M 解約しようと思ってるんだ。使い方もよく分からないしね。

F よろしければ、お教えしますよ。ご高齢の方を対象にしたスマホ教室もあるんです。ご案内しましょうか。

M いや、家の電話で充分だよ。

F 分かりました。ではこちらでお手続きいたしますね。

男の人は何をしに来ましたか。

1 携帯電話を買うため

2 料金プランを見直すため

3 使い方を質問するため

4 電話の解約をするため

3 ばん

病院の職員が留守番電話にメッセージを入れています。

F もしもし。中央病院です。手術の日程ですが、4月3日はいかがでしょうか。先ほどの診察の際に、なるべく早い日をご希望だということでしたが、山田先生のご都合がつく、一番早い日がこの日になります。もし、他の先生でも構わなければ、もっと早い日程でお取りすることも可能ですので、ご相談いただければと思います。お手数ですが、この件について、今日中にご連絡をいただければと思います。それでは、お電話お待ちしております。失礼いたします。

この職員が一番言いたいことは何ですか。

1 山田先生が忙しいということ

2 連絡がほしいということ

3 担当の先生を変えられること

4 手術の日程が決定したこと

問題 4では、えを見ながら質問を聞いてください。やじるし（➡）の人は何と言いますか。1から3の中から、最もよいものを一つえらんでください。

れい

ホテルのテレビが壊れています。何と言いますか。

1　テレビがつかないんですが。
2　テレビをつけてもいいですか。
3　テレビをつけたほうがいいですよ。

1 ばん

学校に遅刻しました。何と言いますか。

1　遅れてすみません。
2　早く来てください。
3　ご苦労様でした。

2 ばん

勤務中に、気分が悪くなったので帰りたいです。上司に何と言いますか。

1　具合が悪いので、早退したらどうですか。
2　体調が悪いので、早退させていただけませんか。
3　申し訳ありませんが、早退されてくださいませんか。

3 ばん

友達のペンを借りたいです。何と言いますか。

1　ペンをちょっと借りてくれない？
2　ペンをちょっと借りようか？
3　ペンをちょっと貸してくれない？

4 ばん

父親が帰ってきました。父親は何と言いますか。

1　お帰り。
2　ただいま。
3　いただきます。

問題 5では、問題用紙に何もいんさつされていません。まず文を聞いてください。それから、そのへんじを聞いて、1から3の中から、最もよいものを一つえらんでください。

れい

すみません、今、時間、ありますか。

1　ええと、10時20分です。
2　ええ。何ですか。
3　時計はあそこですよ。

1 ばん

最近、寒くなりましたね。

1　もうすっかり冬ですね。
2　もうすっかり夜ですね。
3　もうすっかり元気ですね。

2 ばん

風邪ひいちゃったみたい。

1　確かに、面白そうだね。
2　大丈夫？顔色悪いよ。
3　仕方ないよ。次頑張ろう。

3 ばん

あと何日で誕生日ですか。

1　新しい靴がほしいです。
2　28歳になります。
3　誕生日まであと3日です。

4 ばん

ご試着されますか。

1　いいえ。ここで飲みます。
2　はい。ちょっと着てみます。
3　そうですね。今度行ってみます。

5ばん

東京行きの新幹線はどこから出ますか。

1　信号を渡って右です。

2　３番ホームです。

3　１２時に出発です。

6ばん

来週の日曜日、あいてる？

1　ううん。今週の日曜日だって。

2　うん。特に用事はないよ。

3　多分、まだ閉まってるんじゃない？

7ばん

ねえ、ちょっと聞いてよ。

1　どうしたの？ 何かあった？

2　それは、ひどいね。

3　今度、聞いておくね。

8ばん

このままでは、間に合わなそうですね。

1　急いだかいがありましたね。

2　ゆっくり休んだほうがいいですね。

3　タクシーを拾いましょう。

9ばん

明日１時にお待ちしています。

1　よろしくお願いいたします。

2　お待たせいたしました。

3　私がお持ちしましょうか。

JLPT N3 파이널 테스트 2회
정답 및 청해 스크립트

1교시 언어지식(문자·어휘)

문제1 1 ④ 2 ② 3 ③ 4 ① 5 ② 6 ④ 7 ① 8 ②

문제2 9 ④ 10 ③ 11 ② 12 ③ 13 ④ 14 ①

문제3 15 ② 16 ① 17 ④ 18 ③ 19 ① 20 ④ 21 ③ 22 ② 23 ① 24 ② 25 ①

문제4 26 ① 27 ② 28 ④ 29 ③ 30 ②

문제5 31 ① 32 ② 33 ③ 34 ④ 35 ①

1교시 언어지식(문법)·독해

문제1 1 ③ 2 ① 3 ① 4 ② 5 ③ 6 ④ 7 ③ 8 ④ 9 ④ 10 ① 11 ④
　　　 12 ② 13 ②

문제2 14 ③ (1432) 15 ④ (2143) 16 ② (1423) 17 ③ (4132) 18 ① (3412)

문제3 19 ① 20 ② 21 ④ 22 ③

문제4 23 ② 24 ① 25 ③ 26 ④

문제5 27 ④ 28 ① 29 ③ 30 ③ 31 ② 32 ①

문제6 33 ② 34 ③ 35 ③ 36 ④

문제7 37 ③ 38 ④

2교시 청해

문제1 1 ① 2 ③ 3 ② 4 ② 5 ④ 6 ①

문제2 1 ② 2 ③ 3 ① 4 ③ 5 ④ 6 ③

문제3 1 ③ 2 ① 3 ②

문제4 1 ① 2 ③ 3 ② 4 ②

문제5 1 ② 2 ① 3 ② 4 ① 5 ② 6 ① 7 ② 8 ① 9 ③

問題 1

問題1では、まず質問を聞いてください。それから話を聞いて、問題用紙の1から4の中から、最もよいものを一つえらんでください。

れい

ホテルで会社員の男の人と女の人が話しています。女の人は明日何時までにホテルを出ますか。

M では、明日は、9時半に事務所にいらしてください。

F はい、ええと、このホテルから事務所まで、タクシーでどのぐらいかかりますか。

M そうですね、30分もあれば着きますね。

F じゃあ、9時に出ればいいですね。

M あ、朝は道が混むかもしれません。15分ぐらい早めに出られたほうがいいですね。

F そうですか。じゃあ、そうします。

女の人は明日何時までにホテルを出ますか。

1 ばん

会社で女の人と男の人が話しています。男の人は、このあとまず何をしますか。

F 新商品の案、部長に見せましたか。

M はい。さっき返事をもらいました。あれでオーケーだそうです。

F 本当ですか！ああ、よかった。じゃあ、さっそく会議ですね。

M じゃあ、資料の準備をしますね。

F あ、その前にお昼ご飯にしましょうか。

M もうそんな時間ですか。じゃあ、会議室だけ先に予約しちゃいます。

F お願いします。

男の人は、このあとまず何をしますか。

2 ばん

男の人がプリンターのお客様センターに電話をしています。お客様センターでは、このあとどうしますか。

F はい。ＡＢＣ電気、お客様センターです。

M すみません、プリンターの修理をお願いしたいんですが。

F どのような、状態でしょうか。

M 紙が入っていかないんです。

F かしこまりました。技術担当の者に代わります。少々お待ちください。

M はい。

F 申し訳ありませんが、今、他の電話に出ているので、あとでこちらからお電話してもよろしいでしょうか。

M 分かりました。

お客様センターではこのあとどうしますか。

3 ばん

アルバイト先で男の学生と女の学生が話しています。女の学生はこのあと何をしますか。

M うわ、困ったなあ。どうしよう。

F どうしたの？

M 来週、サークルの発表会なんだけどさ、アルバイトがあるの忘れてて。

F そうなの？何曜日？

M 土曜日。13日。

F 13日かあ。代わってあげたいけど、私もその日、友達と約束があるんだ。

M そうか。じゃあ、伊藤さんに聞いてみようかな。

F 伊藤さん、その日だめだったと思う。うーん、仕方ない。私が友達に電話するよ。多分、他の日にできると思う。

M ほんと悪いね。ごめんね。店長には僕から言っておくから。

F うん。その代わり、14日のアルバイト、代わってね。

M もちろん。

女の学生はこのあと何をしますか。

4 ばん

母親から男の子の留守番電話にメッセージが入っています。男の子がしなければならないことは何ですか。

F もしもし、さとし。お母さんだけど…。今、病院に来てるんだけどね、病院がすごく混んでてね。もうちょっとかかりそう。えーと、夕食、何がいいかな。なんか、さとしの好きなもの買っていくね。宿題を

して、待っててね。今日、サッカーの練習あるでしょう。それまでには間に合うと思うけど、急いで帰るね。じゃあね。

男の子がしなければならないことは何ですか。

5ばん

デパートで女の人が店員と話しています。女の人はいくら支払いますか。

M お会計が3,400円になります。ポイントカードはお持ちですか。

F はい。持っています。どうぞ。

M ポイントが1,000円分あるので、使うこともできますが、どうしますか。

F あ、会計から1,000円ひいてもらえるってことですか。

M はい。そうです。

F いえ、今日は大丈夫です。あっ、小銭がない。すみません、400円分だけポイントでお願いします。

M はい。かしこまりました。

女の人はいくら支払いますか。

6ばん

会社で男の人と女の人が話しています。男の人は、これからまずどうしますか。

F お昼ご飯、もう食べました?

M いえ、まだです。

F じゃあ、一緒に行きませんか。

M 仕事がちょっと残っていて、あと5分か10分ぐらいで終わると思うんですが。

F うーん、じゃあ、先に食堂に行ってますね。

M はい。終わったら、すぐ行きます。

男の人は、これからまずどうしますか。

問題 2

問題2では、まず質問を聞いてください。そのあと、問題用紙を見てください。読む時間 があります。それから話を聞いて、問題用紙の1から4の中から、最もよいものを一つえらんでください。

れい

女の人と男の人がスーパーで話しています。男の人はどうして自分で料理をしませんか。

F あら、田中君、お買い物?

M うん、夕飯を買いにね。

F お弁当?自分で作らないの?時間ないか。

M いや、そうじゃないんだ。

F じゃあ、作ればいいのに。

M 作るのは嫌いじゃないんだ。でも、一人だと…。

F 材料が余っちゃう?

M それはいいんだけど、一生懸命作っても一人で食べるだけじゃ、なんか寂しくて。

F それもそうか。

男の人はどうして自分で料理をしませんか。

1ばん

女の人と男の人が話しています。女の人はどんな楽器を習っていますか。

F 今までずーっとピアノを習いたいと思っていたんだけどね。

M うんうん。言ってたね。

F でも、ピアノを買うのも、大変だし、他の楽器を始めたんだ。

M え、なになに?バイオリンとか?

F あ、どうして分かったの?

M だって、クラシック好きでしょう?だから、そういうの好きなんじゃないかなって思って。

F そうなの。でも、ギターもかっこいいいよね。ドラムもいいなあ。

M ギターは僕もやったことあるよ。あんまり上手じゃないけど。

女の人はどんな楽器を習っていますか。

2ばん

会社で女の人と男の人が話しています。男の人は子どものとき、どんな子どもでしたか。

F 伊藤さんが、仕事でミスしたの、見たことないですね。子どものときから、そんなにしっかりしていたんですか。

M どちらかというと、よく怒られてましたね。うっかりしてることが多かったんです。

F え、今の伊藤さんからはちょっと想像ができないです。

M そうですか。

F ええ。勉強のできる、まじめな子、って感じ。

M 自分では、ちゃんと準備したつもりなんですけど、学校に行くと教科書がないとか、鉛筆がないとか、よくありましたよ。

F へえ。ちょっと、安心しました。

男の人は子どものとき、どんな子どもでしたか。

3ばん

女の人と男の人がパーティ会場を探しています。女の人にとって一番大切なことは何ですか。

M ここはどう?

F 素敵。どんなお料理が出るのかな。

M これが料理の写真。シェフはもともと有名ホテルにいた人らしいよ。

F わあ、豪華。それなのに値段も意外と安いね。

M 気に入った? じゃあここにしようか。

F うーん…。いいんだけど、庭がないのよね。
庭でお料理食べるのが夢だったから。

M そうか。じゃあ、もう少し探してみよう。

女の人にとって一番大切なことは何ですか。

4ばん

男の人と女の人が話しています。男の人が仕事がつらいのはどうしてですか。

F 新しい会社、慣れた? 大変なんだって?

M もう、本当に辞めたいんだけど、まだ入ったばかりだし…。

F 毎日、残業なんでしょう?

M それはいいんだけど、出張が多いんだよ。家にほとんど帰れない月もあってさ。

F それはつらいね。社長はいい人そうだけどね。

M まあね。だから、辞めにくいんだよね。

男の人が仕事がつらいのはどうしてですか。

5ばん

会社で男の人と女の人が話しています。男の人が今日なくしたものは何ですか。

M あ、しまった。

F え、どうしたの?

M さっき、ひかり工業に行った帰りに、タクシー乗ったじゃないですか。そのとき、タクシーの中に紙袋、置いてきちゃいました。

F 大事な書類でも入ってたの?

M いえ、もらった名刺を…。

F どうして、すぐに財布に入れないの?

M つい、持っていた紙袋に入れちゃって。

F この間も、タクシーで財布なくしたでしょう。

M そうなんです。実は、携帯を落としたこともあるんです。

F しっかりしてよ。

男の人が今日なくしたものは何ですか。

6ばん

女の人と男の人が話しています。女の人はどんなコーヒーを飲みますか。

M お疲れ様です。何か飲みますか。

F ありがとうございます。

M コーヒーでいいですか。暑いから、氷入れましょうか。

F 温かいのでいいです。エアコンで体冷えちゃって。

M お砂糖は入れますか。

F はい。たくさん入れてください。

M ミルクはどうします?

F それも入れてください。

M はい、これでいいですか。

F ありがとう。

女の人はどんなコーヒーを飲みますか。

問題3

問題3では、問題用紙に何もいんさつされていません。この問題は、ぜんたいとしてどんなないようかを聞く問題です。話の前に質問はありません。まず話を聞いてください。それから、質問とせんたくしを聞いて、1から4の中から、最もよいものを一つえらんでください。

청해②

239

れい

女の人が友達の家に来て話しています。

F1 田中です。

F2 あ、はあい。昨日友達が泊まりに来てたんで、片付いてないけど、入って。

F1 あ、でもここで。すぐ帰るから。あのう、この前借りた本なんだけど、ちょっと破れちゃって。

F2 え、本当？

F1 うん、このページなんだけど。

F2 あっ、うん、このくらいなら大丈夫、読めるし。

F1 ほんと？ ごめん。これからは気をつけるから。

F2 うん、いいよ。ねえ、入ってコーヒーでも飲んでいかない？

F1 ありがとう。

女の人は友達の家へ何をしに来ましたか。

1 謝りに来た

2 本を借りに来た

3 泊まりに来た

4 コーヒーを飲みに来た

1 ばん

女の人と男の人が話しています。

F 昨日、行ってきたんですよね？ どうでした？

M いやあ、本当によかったですよ。部屋も広くて、きれいで。

F へえ、私もテレビで見て、気になってたんですけど、なかなか予約が取れないんでしょう？

M 平日なら取れますよ。お料理もお風呂も最高でした。

F うらやましい。私もちょっとおしゃれして行ってこようかな。

M ぜひ行ってみてください。

二人は何について話していますか。

1 マンション

2 レストラン

3 旅館

4 美容院

2 ばん

女の人と男の人が話しています。

F おつかれさま。どこか行くの？

M はい。さくら食品の部長と約束があって。

F そういえば、さくら食品にはもう転勤の挨拶はしたの？

M はい。先週、新しい担当者と一緒に行きました。

F そう。やっと価格の交渉にも慣れてきたところだったのに、残念ね。

M 転勤ですから、仕方がないですよ。

F まあね。行く前に一度部長と食事でもしたらどう？ お世話になったし。

M ええ。その約束が、今日なんです。じゃあ、行ってきます。

男の人は何をするために行きますか。

1 一緒に食事をするため

2 転勤の挨拶をするため

3 値段の交渉をするため

4 新しい担当者を紹介するため

3 ばん

男の人が話しています。

M 私は3年前にこの町に引越してきました。雪がとても多い地域で、去年は記録的な大雪が降りました。ここに来る前は東京でサラリーマンをしていましたが、ストレスで体調が悪くなって、新しい仕事を探しました。今の仕事は農業で、米を作っています。とても大変な仕事ですが、前よりもずっと健康になりました。私は、ここに来てよかったと思っています。

男の人はここに引っ越してきたことをどう考えていますか。

1 仕事が楽なので、よかった

2 健康になったので、よかった

3 仕事が大変なので、よくなかった

4 雪が多いので、よくなかった

問題 4

問題4では、えを見ながら質問を聞いてください。やじるし（➡）の人は何と言いますか。1から3の中から、最もよいものを一つえらんでください。

れい

ホテルのテレビが壊れています。何と言いますか。

1 テレビがつかないんですが。
2 テレビをつけてもいいですか。
3 テレビをつけたほうがいいですよ。

1ばん

連絡先を知りたいです。何と言いますか。

1 電話番号教えてくれる？
2 電話番号教えたらどう？
3 電話番号教えよう。

2ばん

レストランの予約をします。何と言いますか。

1 予約をお願いなさりたいんですが。
2 予約をお願いしていただけますか。
3 予約をお願いしたいんですが。

3ばん

結婚のお祝いをあげます。何と言いますか。

1 よいお年を。
2 結婚おめでとう。
3 どういたしまして。

4ばん

先生に相談したいです。何と言いますか。

1 先生、ちょっとご相談していただけませんか。
2 先生、ちょっとご相談があるんですが。
3 先生、ちょっとご相談なさいますか。

問題 5

問題5では、問題用紙に何もいんさつされていません。まず文を聞いてください。それから、そのへんじを聞いて、1から3の中から、最もよいものを一つえらんでください。

れい

すみません、今、時間、ありますか。

1 ええと、10時20分です。
2 ええ。何ですか。
3 時計はあそこですよ。

1ばん

いつまでにお返事いただけますか。

1 手紙はまだ来ていません。
2 今週中にご連絡します。
3 6時まで働けます。

2ばん

お箸はどのぐらい必要ですか。

1 5本入れてください。
2 スプーンとフォークです。
3 1日3回使っています。

3ばん

買い物行くならついでにノートも買ってきて。

1 いいよ。一緒に行こう。
2 分かった。ノートだけでいい？
3 気をつけて行ってきてね。

4ばん

試験にやっと合格しました。

1 頑張ってきてよかったですね。
2 また頑張ればいいですよ。
3 試験までもう少しですね。

5ばん

今何時か分かりますか。

1 ちょっと忙しいみたいです。
2 ちょうど12時ですよ。
3 はい。分かりました。

6ばん

課長が探してましたよ。

1 分かった。すぐ行く。
2 見つかってよかった。
3 会議室も探してみよう。

7ばん

駅前のパン屋、今日は定休日だって。

1 だったら、もっと早い時間に来ればよかった。
2 じゃあ、ほかのパン屋に行こう。
3 そんなに安く買えるなんて嬉しいね。

8ばん

学校はどう？

1 勉強は大変だけど、楽しいです。
2 今、高校3年生です。
3 大学に進学するつもりです。

9ばん

なんか嬉しそうですね。

1 ええ、試合で負けたんです。
2 ええ、最近体調が悪いんです。
3 ええ、私の作品が賞を取ったんです。

JLPT N3 파이널 테스트 3회
정답 및 청해 스크립트

1교시 **언어지식(문자 · 어휘)**

문제 1 　[1] ③　[2] ④　[3] ②　[4] ①　[5] ②　[6] ③　[7] ①　[8] ①

문제 2 　[9] ③　[10] ②　[11] ①　[12] ①　[13] ④　[14] ③

문제 3 　[15] ③　[16] ②　[17] ①　[18] ②　[19] ①　[20] ②　[21] ④　[22] ③　[23] ④　[24] ③　[25] ③

문제 4 　[26] ④　[27] ③　[28] ②　[29] ①　[30] ④

문제 5 　[31] ①　[32] ③　[33] ③　[34] ②　[35] ④

1교시 **언어지식(문법) · 독해**

문제 1 　[1] ②　[2] ①　[3] ③　[4] ②　[5] ①　[6] ③　[7] ②　[8] ③　[9] ①　[10] ③　[11] ②
　　　　[12] ②　[13] ④

문제 2 　[14] ③ (4231)　　[15] ② (3124)　　[16] ④ (2341)　　[17] ① (2413)　　[18] ③ (4132)

문제 3 　[19] ①　[20] ③　[21] ④　[22] ②

문제 4 　[23] ①　[24] ④　[25] ③　[26] ②

문제 5 　[27] ④　[28] ③　[29] ③　[30] ③　[31] ②　[32] ④

문제 6 　[33] ②　[34] ④　[35] ①　[36] ②

문제 7 　[37] ③　[38] ①

2교시 **청해**

문제 1 　[1] ③　[2] ②　[3] ②　[4] ③　[5] ①　[6] ④

문제 2 　[1] ③　[2] ④　[3] ③　[4] ③　[5] ①　[6] ②

문제 3 　[1] ④　[2] ③　[3] ③

문제 4 　[1] ①　[2] ③　[3] ①　[4] ②

문제 5 　[1] ③　[2] ②　[3] ①　[4] ③　[5] ①　[6] ③　[7] ③　[8] ①　[9] ②

問題 1

問題1では、まず質問を聞いてください。それから話を聞いて、問題用紙の1から4の中から、最もよいものを一つえらんでください。

れい

ホテルで会社員の男の人と女の人が話しています。女の人は明日何時までにホテルを出ますか。

M では、明日は、9時半に事務所にいらしてください。

F はい、ええと、このホテルから事務所まで、タクシーでどのぐらいかかりますか。

M そうですね、30分もあれば着きますね。

F じゃあ、9時に出ればいいですね。

M あ、朝は道が混むかもしれません。15分ぐらい早めに出られたほうがいいですね。

F そうですか。じゃあ、そうします。

女の人は明日何時までにホテルを出ますか。

1ばん

会社で女の人が男の人と話しています。女の人は何部コピーをしますか。

M 佐藤さん、会議資料のコピーお願いしていい?

F うん。今ここにいるのが6人だから、6部でいいよね?

M 君を入れたら、7人だろう?

F あっ、そうか。今日お休みの田中さんの分はどうする?

M そうだな… 田中さんにはメールで送っておいて。

F 分かった。

M よろしくね。

女の人は何部コピーをしますか。

2ばん

会社で女の人と男の人が話しています。女の人は、結婚後どうしますか。

M 結婚するんですね。おめでとうございます。さみしくなるなあ。

F やだ。辞めないですよ、会社。

せっかく正社員になったんだから。

M あ、すみません。うわさでそんな話を聞いたもので。

F この仕事、気に入ってるのよ。
自分に合ってるなあって。

M じゃあ、ずっと働くんですか。

F うん。そのつもり。

M 今の時代、一度辞めたら、再就職は難しいですもんね。

F そうそう、パートだと収入減っちゃうしね。

女の人は結婚後どうしますか。

3ばん

夫婦が会話をしています。男の人は何を買いますか。

F ちょっと、電球買ってきてくれる?

M えっ、どこの電球が切れたの?

F トイレよ。さっき、掃除してたら切れちゃった。

M そういえば、トイレットペーパーも全部使っちゃっただろう。買っておくか。

F そうね。お願い。

M トイレ用の洗剤は? ないって言ってなかったっけ。

F それは買ったばかりよ。

M 分かった。じゃあ行ってくる。

男の人は何を買いますか。

4ばん

病院で女の患者と医者が話しています。患者は何をしなければなりませんか。

M 胃の調子はどうですか。

F いただいた薬を飲んではいるんですが、治らなくて。

M そうですか。食べるものには気をつけていますか。

F 辛いものがやめられないんです。心配なので、詳しい検査をしてもらえませんか。

M 検査はここではできないんです。大きい病院に行かないと。

F じゃあ、紹介状を書いてもらえますか。

M まずは、食事を見直してください。それでも治らなければ薬を変えましょう。

F 分かりました。

患者は何をしなければなりませんか。

5ばん

大学で女の学生と男の学生が話しています。男の学生はこのあと何をしますか。

M 大学祭まであと2週間だね。
F 観客がいっぱい入ってくれるといいなあ。
M チケットのデザインは今年も山田さんがやってくれたの?
F うん。今、印刷をお願いしているところ。
M そうか。じゃあ、僕は衣装を手伝おうかな。
F 衣装は1年生が担当だから、私たちはポスターを作成しないと。
M 分かった。僕に任せて。
F そう?じゃあ、お願い。私は練習に戻るね。
M うちの演劇部の主役だもんね。頑張って。

男の学生はこのあと何をしますか。

6ばん

夫婦が話しています。男の人はまず何をしますか。

F さあ、1年に1度の大掃除、頑張ろう。
M もう、年末なんて早いね。じゃあ、まずは食器を洗っちゃおうかな。
F もうすぐお昼ご飯だし、どうせまた汚れるからあとでいいよ。
M そう。いらない雑誌はどうする?ごみ袋に捨てちゃっていい?
F あれは資源ごみに出すから、紐でまとめておいてくれる?
M 分かった。
F その間に私は洗濯ものを干すね。
M そのあと、昼ご飯にしよう。
F うん。

男の人はまず何をしますか。

問題2

問題2では、まず質問を聞いてください。そのあと、問題用紙を見てください。読む時間があります。それから話を聞いて、問題用紙の1から4の中から、最もよいものを一つえらんでください。

れい

女の人と男の人がスーパーで話しています。男の人はどうして自分で料理をしませんか。

F あら、田中君、お買い物?
M うん、夕飯を買いにね。
F お弁当?自分で作らないの?時間ないか。
M いや、そうじゃないんだ。
F じゃあ、作ればいいのに。
M 作るのは嫌いじゃないんだ。でも、一人だと…。
F 材料が余っちゃう?
M それはいいんだけど、一生懸命作っても一人で食べるだけじゃ、なんか寂しくて。
F それもそうか。

男の人はどうして自分で料理をしませんか。

1ばん

女の人が父親と国際電話で話しています。女の人はいつ帰国しますか。

M 久しぶりだな。この間電話したのは6月だから、1か月前か。
F うん。8月1日から2か月間夏休みだから、日本に帰ろうと思ってる。
M しばらくいられるのか。
F うーん。2週間ぐらいかな。こっちでやらなきゃいけないレポートもあるし。
M そうか。短いな。いつ来るんだ。
F 夏休みに入ったらすぐ行くよ。
M 分かった。じゃあ、体に気をつけて。
F うん。お父さんも。

女の人はいつ帰国しますか。

2ばん

女の人と男の人が話しています。男の人が心配していることは何ですか。

F 田中さん、来月から長期出張行くんですよね。
M ええ。大阪に半年間の予定なんですけど…。
F その間、時々はこっちに戻って来れるんですか。
M ぼくも初めてなので、分からないんですが、寝る暇もないぐらい忙しいらしいです。

F　ええっ。じゃあ、家族にも会えないですね。

M　ええ。外食する時間もないから、コンビニのお弁当ばかりだって聞きました。

F　それじゃあ、体が心配ですね。

M　それより僕が心配してるのは、ちゃんと結果が出せるかってことですよ。

F　田中さん、期待されてますからね。頑張ってください。

M　自信はないですが、頑張ります。

男の人が心配していることは何ですか。

3ばん

女の人が保育園の先生になったきっかけについて話しています。女の人は何が得意ですか。

F　高校生の時、隣の家の子どもと遊んであげていたんですが、その子が転んで泣いてしまったんです。歌を歌ったり、絵をかいたりしても泣き止んでくれなくて、困った私はそこにあった新聞紙でうさぎを折ってあげたんです。ほらうさぎだよ、と言うと、その子はようやく笑顔になりました。私は折り紙でどんな動物でも作ることができるのですが、それが役立ったのがすごく嬉しくて。それで、保育園の先生になろうと決めました。苦手のピアノは今でも一生懸命練習していますよ。

女の人は何が得意ですか。

4ばん

会社で女の人と男の人が話しています。加藤さんが選ばれた理由は何ですか。

M　次のプロジェクトはだれにリーダーを任せようか。

F　やはり田中さんがいいのではないでしょうか。経験が豊富ですから。

M　加藤さんはどうかな。若いけど、頼んだ仕事は責任を持ってやってくれる。

F　確かに、この間のトラブルの時も遅い時間まで頑張ってくれましたね。

M　うん。ただスケジュールの管理は少し苦手なようだから、助けてやってくれ。

F　分かりました。

加藤さんが選ばれた理由は何ですか。

5ばん

女の学生と男の学生が話しています。女の学生が驚いたことは何ですか。

F　先週職場見学会があったんだけど、ほんとにびっくりしちゃった。

M　えっ、何が。

F　本社を見学したんだけど、入るとピカピカの広いホールがあって、天井が高くて。

M　へえ。豪華なビルなんだね。

F　そう。エレベーターがずらっと並んでるの。一番上の32階にはカフェもあって、社員は自由に使えるんだって。

M　すごいね。本社勤務になるといいね。

F　うん。早く働きたいなあ。

女の学生が驚いたことは何ですか。

6ばん

中学校で女の先生と男の先生が話しています。女の先生が教えている科目は何ですか。

F　今日、授業中に生徒が怪我をしてしまったんです。

M　生徒同士のけんかですか。

F　いえ、火を使った実験をしたんですが、やけどしてしまって。幸いたいしたことはなかったんですが。

M　うちのクラスもバスケットボールの練習中に指を怪我した子がいましたよ。

F　ああ、知ってます。絵を描くのに鉛筆が持てないって、大変そうでした。

M　私たち教師がもっと気をつけなければいけませんね。

F　そうですね。

女の先生が教えている科目は何ですか。

問題3

問題3では、問題用紙に何もいんさつされていません。この問題は、ぜんたいとしてどんなないようかを聞く問題です。話の前に質問はありません。まず話を聞いてください。それから、質問とせんたくしを聞いて、1から4の中から、最もよいものを一つえらんでください。

れい

女の人が友達の家に来て話しています。

F1　田中です。

F2　あ、はあい。昨日友達が泊まりに来てたんで、片付いてないけど、入って。

F1　あ、でもここで。すぐ帰るから。あのう、この前借りた本なんだけど、ちょっと破れちゃって。

F2　え、本当？

F1　うん、このページなんだけど。

F2　あっ、うん、このくらいなら大丈夫、読めるし。

F1　ほんと？ごめん。これからは気をつけるから。

F2　うん、いいよ。ねえ、入ってコーヒーでも飲んでいかない？

F1　ありがとう。

女の人は友達の家へ何をしに来ましたか。

1　謝りに来た

2　本を借りに来た

3　泊まりに来た

4　コーヒーを飲みに来た

1 ばん

女の人と男の人が話しています。

M　それ、ガイドブックですか。旅行でも行くんですか。

F　ええ。ここ、行ってみたいんですよ。ほら、ドラマの撮影で有名になった…。

M　あ、そこ、ぼくの故郷です。うち、この近くですよ。

F　ええっ。本当ですか。いいなあ、あの、ドラマのような生活ですか。

M　そうですね。本当に自然が美しくて、のんびりしていますよ。ちょっと不便ですけどね。

F　へえ。じゃあ、もっと発展してほしいですか。

M　いえ、あの自然は私たちが守っていかなければならない宝だと思っています。

F　そうですか。

M　最近、観光客が増えちゃって、マナーを守れない人が増えたのが残念です。

F　私も気をつけます。

男の人は自分の故郷についてどう考えていますか。

1　もっと発展してほしい

2　地域の文化を守りたい

3　旅行者が増えてほしい

4　自然環境を守りたい

2 ばん

女の人がインタビューに答えています。

F　私の休みは週に一回しかありません。その日は朝早く起きて、積極的に活動するようにしています。本当は長く寝たい気持ちもありますが、休みの日に遅く起きると、一日があっという間に過ぎてしまって、結局、何もできないまま終わってしまうから、眠くても頑張って起きています。週に1回しかないから、休みの過ごし方はとても大切です。それに、休みの日に好きなことをたくさんすると、次の日の仕事も頑張れるんです。

女の人は何について話していますか。

1　休みが少ない理由

2　休みの日のスケジュール

3　休みの日に早く起きる理由

4　休むことの大切さ

3 ばん

会社で女の人と男の人が話しています。

M　お疲れ様です。

F　あれ、山田さん、帰ったんじゃなかったんですか。忘れ物ですか。

M　いえ、さっきエレベーターの中で課長に会って…。

F　ああ、仕事を頼まれたんでしょう？お手伝いしましょうか。

M　いえ、課長の顔を見たら、重要なメールを送り忘れてたことを思い出したんです。

F　そうですか。じゃあ、私はお先に失礼します。

M　はい。お疲れ様です。ぼくも、これだけ送ったら、すぐ帰ります。

男の人は何のために会社に戻ってきましたか。

1　忘れ物を取りに行くため

2　課長と話をするため

3　メールを送るため

4　女の人の仕事を手伝うため

問題4

問題4では、えを見ながら質問を聞いてください。やじるし（➡）の人は何と言いますか。1から3の中から、最もよいものを一つえらんでください。

れい

ホテルのテレビが壊れています。何と言いますか。

1　テレビがつかないんですが。
2　テレビをつけてもいいですか。
3　テレビをつけたほうがいいですよ。

1ばん

友人が国に帰ります。何と言いますか。

1　元気でね。
2　お元気ですか。
3　お久しぶりです。

2ばん

小さい子どもが泣いています。子どもに何と言いますか。

1　どうなったの？
2　どうするの？
3　どうしたの？

3ばん

暑いので窓を開けたいです。何と言いますか。

1　窓を開けてもいいですか。
2　窓を開けたいですか。
3　窓を開けたほうがいいですか。

4ばん

自分の傘をほかの人が持って行きました。何と言いますか。

1　これ、使ってください。
2　それ、私の傘です。
3　すみません。助かります。

問題5

問題5では、問題用紙に何もいんさつされていません。まず文を聞いてください。それから、そのへんじを聞いて、1から3の中から、最もよいものを一つえらんでください。

れい

すみません、今、時間、ありますか。

1　ええと、10時20分です。
2　ええ。何ですか。
3　時計はあそこですよ。

1ばん

ずいぶん、風が強いですね。

1　ええ、おかげで汗びっしょりです。
2　ええ、早く病院に行かないといけませんね。
3　ほんと、帽子が飛ばされそうです。

2ばん

会議室、今、使ってる？

1　確か、3時からだと思います。
2　今、営業部が会議中です。
3　いいえ。しまっています。

3ばん

この近くに住んでいるんですか。

1 はい。歩いて5分ぐらいです。
2 次の角を左に曲がってください。
3 へえ。偶然ですね。私もです。

4ばん

ちょっと風邪をひいてしまったんです。

1 ええ。せきが止まらなくって。
2 はい。今日は曇ってますね。
3 そうですか。最近、流行ってますね。

5ばん

そのセーター、似合ってます。

1 そう? 誕生日にもらったんだ。
2 喜んでもらえて、嬉しいなあ。
3 最近、寒いですね。

6ばん

この会社でいつから働いているんですか。

1 9時から5時までです。
2 はい。満足しています。
3 4月に入社したばかりです。

7ばん

いつもこの店で買うんですか。

1 いいえ、まだ買っていません。
2 ええ。このレストラン、おいしいんです。
3 はい。安いので、よく来ます。

8ばん

すみません、コピー機の使い方が分からないんですが。

1 はい。すぐ行きます。
2 ごゆっくりどうぞ。
3 じゃあ、喫茶店で。

9ばん

ちょっと食べすぎじゃない?

1 うん。修理しないとね。
2 そうだね。もうやめておくよ。
3 お気の毒ですね。

JLPT N3 파이널 테스트 4회
정답 및 청해 스크립트

1교시 언어지식(문자 · 어휘)

문제 1　1 ③　2 ④　3 ②　4 ①　5 ①　6 ②　7 ③　8 ④

문제 2　9 ④　10 ③　11 ①　12 ④　13 ①　14 ②

문제 3　15 ②　16 ④　17 ④　18 ①　19 ①　20 ④　21 ③　22 ①　23 ④　24 ②　25 ①

문제 4　26 ③　27 ②　28 ④　29 ①　30 ②

문제 5　31 ②　32 ④　33 ③　34 ④　35 ①

1교시 언어지식(문법) · 독해

문제 1　1 ④　2 ①　3 ④　4 ④　5 ①　6 ①　7 ④　8 ②　9 ③　10 ④　11 ②
　　　　12 ②　13 ②

문제 2　14 ④ (3241)　15 ② (4123)　16 ① (3214)　17 ④ (2341)　18 ② (3241)

문제 3　19 ②　20 ④　21 ①　22 ③

문제 4　23 ②　24 ②　25 ③　26 ①

문제 5　27 ③　28 ②　29 ①　30 ③　31 ④　32 ②

문제 6　33 ②　34 ④　35 ③　36 ②

문제 7　37 ②　38 ④

2교시 청해

문제 1　1 ③　2 ②　3 ①　4 ②　5 ④　6 ④

문제 2　1 ④　2 ③　3 ②　4 ③　5 ④　6 ②

문제 3　1 ④　2 ②　3 ③

문제 4　1 ②　2 ③　3 ①　4 ①

문제 5　1 ③　2 ①　3 ②　4 ①　5 ①　6 ①　7 ②　8 ②　9 ①

問題1

問題1では、まず質問を聞いてください。それから話を聞いて、問題用紙の1から4の中から、最もよいものを一つえらんでください。

れい

ホテルで会社員の男の人と女の人が話しています。女の人は明日何時までにホテルを出ますか。

M では、明日は、9時半に事務所にいらしてください。

F はい、ええと、このホテルから事務所まで、タクシーでどのぐらいかかりますか。

M そうですね、30分もあれば着きますね。

F じゃあ、9時に出ればいいですね。

M あ、朝は道が混むかもしれません。15分ぐらい早めに出られたほうがいいですね。

F そうですか。じゃあ、そうします。

女の人は明日何時までにホテルを出ますか。

1ばん

学校で高校生の男の子と先生が話しています。男の子はこれからまず、何をしますか。

F ちょっと、この箱、教室まで運んで。

M え、これ全部、ぼく一人で運ぶんですか。

F 誰か他に手伝ってくれる人いる?

M もう、みんな帰っちゃいました。僕もこれから部活があるので…。

F そう。じゃあ、明日でいいわ。悪いけど、これ、何箱あるかだけ、数えておいてもらえる?

M 分かりました。

F あ、教室の窓、閉まってるわよね?

M はい。閉めました。

F じゃあ、よろしくね。

M はい。

男の子はこれからまず、何をしますか。

2ばん

デパートで女の人が母親と買い物をしています。女の人はどんなかばんを買いますか。

F1 ねえねえねえ、お母さん。かばんがほしいんだけど。

F2 どういうの?

F1 リュックがほしいの、あ、こういう革のもかわいいし、布のもいいな。

F2 布のは汚れやすいから、やめたほうがいいよ。色も白しかないし。

F1 そうだね。うーん、じゃあ、こっちにする。茶色と黒とどっちがいいと思う?

F2 黒はあんまり…。ちょっと暗いかな。

F1 そう? じゃあ、これにする。これ買って。

F2 はいはい。

女の人はどんなかばんを買いますか。

3ばん

男の人が店員と話しています。男の人はまず何をしますか。

F いらっしゃいませ。

M この、カレーをください。

F あ、すみません。お支払いが先になるんですが。

M あ、そうですか。おいくらですか。

F 820円なんですが、入り口に機械があるので、そこで先にチケットを買っていただけますか。

M あ、そうなんですか。一万円札しかないんですけど、両替してもらえますか。

F 一万円札も使えますよ。

M そうですか。分かりました。ありがとうございます。

男の人はまず何をしますか。

4ばん

不動産屋で女の人が母親と話しています。女の人はどこに住むことにしましたか。

F1 やっぱり、マンションがいいなあ。最近、事件も多いし、管理のしっかりしたマンションがいい。

F2 それはそうだけど、家賃がずいぶん高いわねえ。大丈夫?

F1 都心だと、アパートしか無理かなあ。

F2 ちょっと会社から離れちゃうけど、郊外のマンションを見てみたらどう?

F1 そうねえ。早起きがちょっとつらいけど、アパートよりはいいか。

F2 そうよ。そうしたら？

F1 うん。

女の人はどこに住むことにしましたか。

5ばん

会社で男の人と女の人が話しています。男の人はこのあと何をしますか。

F どうしたんですか。顔色悪いですね。

M ちょっと頭が痛くて…。疲れたんだと思います。

F 薬は飲みましたか。私、薬局に行って買ってきましょうか。

M いえ。家に帰って休めばよくなると思います。

F じゃあ、治らなかったら、必ず病院に行ってくださいね。お大事に。

M はい。じゃあ、すみませんが、お先に失礼します。

男の人はこのあと何をしますか。

6ばん

母親と息子が話しています。母親はこれから何をしますか。

M 明日、学校で博物館へ行くんだ。

F あら、じゃあ、お弁当を持っていくんでしょう。材料買ってこなくちゃ…。

M ううん。向こうに食堂があるんだって。

F そうなの。

M それでね、お菓子を持っていきたいんだけど、お母さん、チョコレートを買ってきて。

F チョコレートって言ってもいろいろあるからね。お金渡すから、自分で好きなの買ってきたら。

M ほんとう？ やった。明日、体操服着ていくから、出しておいてね。

F えっ、まだ洗ってないわよ。じゃあ、すぐ洗濯しなくちゃ。

M うん。早くお金ちょうだい。

F はい。いってらっしゃい。

母親はこれから何をしますか。

問題2

問題2では、まず質問を聞いてください。そのあと、問題用紙を見てください。読む時間があります。それから話を聞いて、問題用紙の1から4の中から、最もよいものを一つえらんでください。

れい

女の人と男の人がスーパーで話しています。男の人はどうして自分で料理をしませんか。

F あら、田中君、お買い物？

M うん、夕飯を買いにね。

F お弁当？ 自分で作らないの？ 時間ないか。

M いや、そうじゃないんだ。

F じゃあ、作ればいいのに。

M 作るのは嫌いじゃないんだ。でも、一人だと…。

F 材料が余っちゃう？

M それはいいんだけど、一生懸命作っても一人で食べるだけじゃ、なんか寂しくて。

F それもそうか。

男の人はどうして自分で料理をしませんか。

1ばん

銀行で、女の人が銀行の人と話しています。女の人は何をしたいですか。

F すみません。これ、日本円に両替してください。

M 申し訳ありません、お客様。こちらではドルしか扱ってないんです。

F え、そうなんですか。困ったなあ。

M はい。ユーロは、この近くですと、東京支店で取り扱いがありますが。

F 東京駅ですか、もっと近くにはないですか。

M インターネットでそういったサービスがあるようですが…。

F 分かりました。調べてみます。

女の人は何をしたいですか。

2 ばん

会社で、男の人と女の人が話しています。男の人はどうして忙しいのですか。

F 最近、忙しそうですね。
M ええ。毎日夜遅くまで会社にいますよ。
F 新商品、そんなに売れてるんですか。
M ああ、悪くはないんですけど、そんなに売れているってわけでもないですね。
F じゃあ、どうして？
M 山田さん、知ってるでしょう。入院したんですよ。
F え、そうなんですか。
M そうそう、おかげで、大変ですよ。この報告書を書くのも本当は彼の仕事なんだけど…。
F そうだったんですか。山田さん、何か病気でもしたんですか。
M いや。階段で転んだらしいですよ。骨が折れちゃったんですって。

男の人はどうして忙しいのですか。

3 ばん

女の人と男の人が話しています。女の人はどうしてコンサートに行ったことがないのですか。

M この間、ライブに行ってきたんだ。最高だったよ。
F へえ、私生まれてから一度もコンサートとか、ライブとか行ったことないんだ。
M そうなんだ。まあ、お金もかかるし、場所も遠かったり、いろいろ面倒だよね。
F 本当は行きたいんだけどね。チケットを取ろうと思っても、いつも売り切れてるの。
M あー、人気のあるアーティストはなかなか難しいよね。
F そう。だから、DVDで我慢してるよ。
M いつか行けるといいね。

女の人はどうしてコンサートに行ったことがないのですか。

4 ばん

男の人と女の人が話しています。男の人はどうして仕事を辞めますか。

F せっかく入った新聞社なのにどうして？ 記者になるのが、夢だったんでしょ？
M うん。そうだったんだけど、記者の仕事をして、いろいろな人と話をするうちにね、新しい夢ができたんだ。
F いまから、また大学に入りなおすなんて大変だよ。
M 分かってるけど、挑戦したいんだ。
F しかも、医学部なんて…。無事医者になるまでに何年かかると思ってるの？
M 時間はかかっても、苦しんでいる人を助けたいんだよ。
F そうか。すごいね。頑張ってね。
M ありがとう。

男の人はどうして仕事を辞めますか。

5 ばん

夫婦が話しています。二人は子どもに何を習わせますか。

F お父さん、あの子、絵を習いたいって言うんだけど、どう思う？
M 絵か、あいつは体が弱いから、運動をしたほうがいいんじゃないか。
F 私も、スポーツをさせたいのよね。男の子だし。野球とか。
M 体を丈夫にするには、水泳がいいっていうけどね。
F 水泳か。なるほど。やってみたら、楽しいかもしれないし、やらせてみようかな。絵はもう少しあとでもいいしね。
M 本人がやりたいっていうんだから、両方やらせたらいいんじゃないか。
F それもそうね。じゃあ、そうしましょう。

二人は子どもに何を習わせますか。

6ばん

女の人と男の人が話しています。男の人はどうして女の人に電話をしましたか。

M　もしもし。高橋です。

F　あ、久しぶり。元気？そういえば、クラス会の話、聞いた？

M　うん。連絡きたよ。行くの？

F　うーん、私はちょっと行けそうにないけど、高橋君は行く？

M　いや、ぼくも行かない。仕事があるから。

F　みんな忙しいんだね。あ、ごめんね、何の用だった？

M　あ、実は、うちの会社で語学のできる人探してるんだけど、興味ないかなあと思って。

F　え、何々？詳しい話を聞かせて。

M　うん。じゃあ、よかったら、明日、会おうよ。

F　分かった。

男の人はどうして女の人に電話をしましたか。

問題3

問題3では、問題用紙に何もいんさつされていません。この問題は、ぜんたいとしてどんなないようかを聞く問題です。話の前に質問はありません。まず話を聞いてください。それから、質問とせんたくしを聞いて、1から4の中から、最もよいものを一つえらんでください。

れい

女の人が友達の家に来て話しています。

F1　田中です。

F2　あ、はあい。昨日友達が泊まりに来てたんで、片付いてないけど、入って。

F1　あ、でもここで。すぐ帰るから。あのう、この前借りた本なんだけど、ちょっと破れちゃって。

F2　え、本当？

F1　うん、このページなんだけど。

F2　あっ、うん、このくらいなら大丈夫、読めるし。

F1　ほんと？ごめん。これからは気をつけるから。

F2　うん、いいよ。ねえ、入ってコーヒーでも飲んでいかない？

F1　ありがとう。

女の人は友達の家へ何をしに来ましたか。

1　謝りに来た
2　本を借りに来た
3　泊まりに来た
4　コーヒーを飲みに来た

1ばん

家の近くのバス停で、男の人と男の人の姉が話しています。

F　バス、なかなか来ないね。

M　うん。30分に来るはずなんだけど、道が混んでるのかなあ。このままだと、遅れちゃいそうで心配だなあ。9時半までに会場に入らないといけないんだけど。

F　いつ来るか分からないと不安だね。私、車で送るよ。

M　え、でも、会社に遅れちゃうよ。

F　私は大丈夫。今までこのために一生懸命頑張ってきたんだから、遅刻して受けられなかったら、悲しいでしょ。

M　そうだけど…。

F　場所は北山大学だよね。今なら間に合うから、急いで家に戻ろう。

M　うん。

男の人は何をしに行きますか。

1　授業を受けに行く
2　仕事をしに行く
3　試合をしに行く
4　試験を受けに行く

2ばん

会社で女の人が部長と話しています。

M　新商品のサンプルができたんだが、ちょっと見てくれるか。

F　はい。ああ、今までのものよりもずっと軽いですね。持ち運びによさそうです。

M　そうだろう。でも、価格はそのままだ。

F　でも、これだと、材料にお金がかかりますよね？価格を上げないと、利益があまり出ないと思います。

M 利益も大事だが、安くて質のよい商品を作ることの
ほうが大事だろう。

F おっしゃることは分かりますが、私は、質がよけれ
ば、値段が少し上がっても、買うと思います。

M そうか、じゃあ、値上げも少し考えてみよう。

女の人は新商品についてどう考えていますか。

1 商品の質はよいが、価格が高すぎる。
2 商品の質はよいが、価格が安すぎる。
3 価格は適切だが、商品の質はよくない。
4 商品にも価格にも満足している。

3 ばん

テレビで、女の人が話しています。

F 夏の空に広がる花火。美しいですよね。さて、この
花火、一つ一つ手作りされています。花火作りとい
うのは、機械で行うことが難しく、ほとんど手作り
で行われるそうです。えー、ここに、出来上がった
花火がありますが、この、30センチほどの大きさ
の花火を作るのに、なんと、1ヶ月半もかかるそう
です。とても、大変な作業ですね。このため、8月
の花火大会が終わるとすぐに、次の年の花火大会
に向けての、花火作りが始まるんだそうです。

何について話していますか。

1 花火大会の日程
2 花火の楽しみ方
3 花火作りの大変さ
4 花火の作り方

問題 4

問題4では、えを見ながら質問を聞いてください。やじ
るし（➡）の人は何と言いますか。1から3の中から、
最もよいものを一つえらんでください。

れい

ホテルのテレビが壊れています。何と言いますか。

1 テレビがつかないんですが。
2 テレビをつけてもいいですか。
3 テレビをつけたほうがいいですよ。

1 ばん

お昼のメニューを決めたいです。何と言いますか。

1 お昼は、何か食べましょうか
2 お昼は、何を食べましょうか。
3 お昼は、何も食べませんか。

2 ばん

切符売り場が分かりません。何と言いますか。

1 切符売り場を聞きましょう。
2 切符売り場を見ませんでしたか。
3 切符売り場はどこですか。

3 ばん

後輩がけがをしました。何と言いますか。

1 けがの具合はどう？
2 けがの調子はいい？
3 けがの状況はどう？

4 ばん

おみやげをもらいました。何と言いますか。

1 わあ、おいしそうですね。
2 つまらないものですが。
3 いつもお世話になっております。

問題 5

問題5では、問題用紙に何もいんさつされていません。
まず文を聞いてください。それから、そのへんじを聞い
て、1から3の中から、最もよいものを一つえらんで
ください。

れい

すみません、今、時間、ありますか。

1 ええと、10時20分です。
2 ええ。何ですか。
3 時計はあそこですよ。

1ばん

コピー、3部ずつお願いね。

1 ご理解願います。

2 お伺いいたします

3 かしこまりました。

2ばん

昨日どうしてあんなに怒っていたの?

1 友達とけんかしたんだ。

2 試験に合格したんだ。

3 ドキドキするね。

3ばん

来週の約束、忘れてませんよね。

1 もちろんです。いい思い出になりました。

2 はい。楽しみにしています。

3 行けなくてすみませんでした。

4ばん

私、看護士になるのが夢なんだ。

1 そうなんだ。頑張ってね。

2 私も昨日夢を見たよ。

3 そうだったの。元気出してね。

5ばん

じゃあ、うちの犬、よろしく頼むね。

1 うん。心配しないで。

2 こちらこそ、よろしくね。

3 お会いできて嬉しいです。

6ばん

こちら、もう、ご覧になりましたか。

1 はい。拝見いたしました。

2 では、私がご案内します。

3 いいえ。まだ、いらっしゃってません。

7ばん

来月、結婚式をするんです。

1 それは驚いたでしょう。

2 じゃあ、準備が忙しいですね。

3 ええ。ぜひ来てください。

8ばん

ずいぶん、道が混んでますね

1 ほんと、がらがらですね。

2 全然、進みませんね。

3 タクシーに乗りましょうか。

9ばん

すみません、よく聞き取れなかったんですが。

1 じゃあ、もう一度説明します。

2 何か、お困りですか。

3 大きい声で話してください。

JLPT N3 파이널 테스트 5회
정답 및 청해 스크립트

1교시 언어지식(문자 · 어휘)

문제 1 1 ① 2 ④ 3 ② 4 ① 5 ③ 6 ① 7 ③ 8 ③

문제 2 9 ① 10 ③ 11 ④ 12 ④ 13 ① 14 ②

문제 3 15 ② 16 ③ 17 ④ 18 ① 19 ① 20 ④ 21 ② 22 ③ 23 ① 24 ④ 25 ②

문제 4 26 ③ 27 ② 28 ③ 29 ④ 30 ④

문제 5 31 ④ 32 ④ 33 ① 34 ② 35 ③

1교시 언어지식(문법) · 독해

문제 1 1 ④ 2 ② 3 ④ 4 ③ 5 ② 6 ③ 7 ① 8 ① 9 ④ 10 ③ 11 ④
　　　　12 ② 13 ④

문제 2 14 ① (4312) 15 ③ (4132) 16 ② (4123) 17 ④ (2143) 18 ① (2413)

문제 3 19 ① 20 ④ 21 ① 22 ④

문제 4 23 ② 24 ① 25 ③ 26 ③

문제 5 27 ① 28 ④ 29 ③ 30 ③ 31 ④ 32 ①

문제 6 33 ② 34 ② 35 ③ 36 ①

문제 7 37 ② 38 ②

2교시 청해

문제 1 1 ① 2 ④ 3 ② 4 ③ 5 ③ 6 ②

문제 2 1 ② 2 ③ 3 ① 4 ① 5 ④ 6 ②

문제 3 1 ① 2 ③ 3 ③

문제 4 1 ② 2 ① 3 ③ 4 ①

문제 5 1 ③ 2 ① 3 ③ 4 ① 5 ② 6 ① 7 ② 8 ③ 9 ①

問題 1

問題1では、まず質問を聞いてください。それから話を聞いて、問題用紙の1から4の中から、最もよいものを一つえらんでください。

れい

ホテルで会社員の男の人と女の人が話しています。女の人は明日何時までにホテルを出ますか。

M では、明日は、9時半に事務所にいらしてください。

F はい、ええと、このホテルから事務所まで、タクシーでどのぐらいかかりますか。

M そうですね、30分もあれば着きますね。

F じゃあ、9時に出ればいいですね。

M あ、朝は道が混むかもしれません。15分ぐらい早めに出られたほうがいいですね。

F そうですか。じゃあ、そうします。

女の人は明日何時までにホテルを出ますか。

1ばん

男の人と女の人が話しています。男の人はどうするつもりですか。

M ぼく、今、一人で暮らしてるんですけど、料理ができなくて困っているんです。

F あー、コンビニのお弁当や外食ばっかりじゃ、体を壊しそうですね。

M そうなんですよ。母親も電話するたびに心配していて。

F あ、最近、男の料理教室とかって、流行ってるじゃないですか。

M あー、ありますね。

F あとは、体にいいお弁当を配達してくれるサービスもありますよ。

M へえ。それは便利ですね。

F うちに広告があるので、持って来ましょうか。

M じゃあ、お弁当のほうをお願いします。

F はい。

男の人はどうするつもりですか。

2ばん

デパートで女の人が店員と話しています。女の人は何をしますか。

F 1週間ほど前にここでボールペンを購入したんですが、今日、使おうと思ったら、ボールペンの先がすぐ中に入ってしまって書けないんです。返品はできますか。

M あの、修理いたしましょうか。買ったばかりですので、交換も可能ですが。

F 実は、買ってからすぐに一度修理していただいているんです。そのときも、同じ原因だったんですけど。でも、ちゃんと直ってなかったみたいです。

M そうでしたか。申し訳ありません。

F デザインはすごく気に入ってるんですけど。

M 分かりました。今、お手続きしますね。申し訳ありませんでした。

女の人は何をしますか。

3ばん

会社で女の人と男の人が話しています。男の人が準備するものは何ですか。

F みなさん、今回のイベントはみなさんのおかげで大成功でした。本当にお疲れ様でした。これから、会議室で、軽く飲んで、疲れを忘れましょう。

M あ、じゃあ、ぼく、ビールと何かお菓子を買ってきます。

F いいのいいの。座って。お酒は買ってあるし、今電話でピザを頼んだから。

M 早いですね。あ、でも吉田さんとか、車ですよね。

F あ、そっか。じゃあ、お酒はまずいね。

M ジュース買ってきます。

男の人が準備するものは何ですか。

4ばん

デパートで女の人が店員と話しています。女の人はどうしますか。

F1 すみません、このワンピース、小さいサイズはありますか。

F2 えーっと、こちらがSサイズです。

F1 Sはちょっと小さいかなあ。Mはないですか。

F2 Mは売り切れてしまったんです。申し訳ありません。

F1 えー、残念。すごくかわいいのに。

F2 似たような雰囲気のものでしたら、こちらはいかがですか。こちらはMもありますよ。

F1 ああ。うーん、でもやっぱりこれがいいなあ。でも、Sは多分、きついと思うんですよね。

F2 このブランド、すこし大きめなんですよ。よかったら、一度、着てみませんか。

F1 そうですね。そうします。

女の人はどうしますか。

5ばん

女の人と男の人が話しています。男の人は何を準備しなければいけませんか。

M 今度のキャンプ、僕は何を準備すればいい？

F 車は佐藤さんが出してくれるんだけど、テントを持ってる人がいなくてね。

M テントはうちにもあるけど、キャンプ場でも借りられるそうだよ。

F そう。じゃあ、借りられるものは借りましょう。肉と野菜は途中でみんなで一緒に買おう。あとは、食器はどうする？借りられるの？

M ううん。食器はないって。

F じゃあ、持ってきてくれる？

M オーケー。

男の人は何を準備しなければいけませんか。

6ばん

美容院で女の人が美容師と話しています。女の人はどんな髪型にしますか。

M 今日はどのようにしますか。

F カットをお願いします。

M どのぐらい切りますか。

F うーん。肩までの長さに切ってください。

M 分かりました。お客様、軽いパーマをかけてもお似合いになりそうですね。

F ああ。かけてみたいんですけど、学校で禁止されてるんです。

M そうなんですか。前髪はどうしますか。

F 短く切ってください。

M 分かりました。

女の人はどんな髪型にしますか。

問題2

問題2では、まず質問を聞いてください。そのあと、問題用紙を見てください。読む時間があります。それから話を聞いて、問題用紙の1から4の中から、最もよいものを一つえらんでください。

れい

女の人と男の人がスーパーで話しています。男の人はどうして自分で料理をしませんか。

F あら、田中君、お買い物？

M うん、夕飯を買いにね。

F お弁当？自分で作らないの？時間ないか。

M いや、そうじゃないんだ。

F じゃあ、作ればいいのに。

M 作るのは嫌いじゃないんだ。でも、一人だと…。

F 材料が余っちゃう？

M それはいいんだけど、一生懸命作っても一人で食べるだけじゃ、なんか寂しくて。

F それもそうか。

男の人はどうして自分で料理をしませんか。

1ばん

女の人が母親と話しています。女の人はどうして遅く帰ってきましたか。

F1 こんな遅くまで、何をしていたの？

F2 サークルが終わってすぐ帰ってきたんだけど、こんな時間になっちゃった。

F1 ずいぶん遅くまでサークルの練習をしていたのね。

F2 そうじゃなくて、帰りの電車が事故で止まってて。それで、バスに乗り遅れちゃったの。

F1 本当に？友達とご飯でも食べていたんじゃないの。

F2 まさかまさか。あー、おなかすいた。

女の人はどうして遅く帰ってきましたか。

2ばん

男の人と女の人が話しています。男の人はどうして部屋に写真を飾らないのですか。

F へえ、これアルバム？見ていい？

M え、ちょっと恥ずかしいなあ。いいよ。

F そういえば、部屋に写真一枚もないね。飾るの好きじゃないの？

M ううん。前は飾ってたんだけどね。今は猫がいるからね。

F ああ。この子ね。

M そう。せっかく飾っても、全部、倒しちゃうからね。直すのが大変。

F なるほどね。

男の人はどうして部屋に写真を飾らないのですか。

3ばん

夫婦が会話をしています。女の人がこの病院を選んだ理由は何ですか。

F ずいぶんのどがはれちゃったみたい。

M 病院行ってきたら？

F うん。駅前のさくら医院に行こうかな。あそこ、先生が親切なの。ただ、けっこう待たされるのよね。うーん。中村内科に行こうかな。

M 一番よく行くのはどこ？

F 山田クリニック。子どもにお菓子をくれるのよ。だから、子どもを連れて行かなきゃいけないときは、だいたいあそこかな。

M 今日は、ぼくが子どもを見てるから。

F そうね。じゃあ、さくらにしよう。

女の人がこの病院を選んだ理由は何ですか。

4ばん

これは水族館で流れたアナウンスです。水族館では何を募集していますか。

F アクアワールド水族館では、あなたの作品を募集しています。アクアワールドで見た珍しい魚や面白い生き物の絵を描いて応募してみませんか。海や川に住む生き物であれば、何でも構いません、どんどん送ってください。選ばれた作品は1階のわくわく広場に展示されます。また、アクアワールド水族館の入場券を2枚プレゼントいたします。締め切りは、10月15日土曜日です。たくさんのご応募をお待ちしております。

水族館では何を募集していますか。

5ばん

女の人と男の人が話しています。女の人はどんな方法でダイエットをしていますか。

M ダイエットしてるって本当ですか。

F はい。高校時代ずっとバスケットボールをしていたんですけど、大学に入って辞めたんですよ。それなのに、そのころと同じように食べてたら、太ってしまって。

M また運動を始めたんですか。

F いえ、私、ドーナツが大好きで、毎日、帰りに買ってたんですけど、今は我慢しています。

M 食事はきちんと食べてくださいね。体に悪いですから。

F あ、ご飯はちゃんと食べています。

M そうですか。頑張ってください。

女の人はどんな方法でダイエットをしていますか。

6ばん

夫婦が電話で話しています。男の人はどうやって帰りますか。

M もしもし。今日、11時ごろに駅に着くんだけど、駅まで車で迎えに来てくれないかな。

F えっ。そんな遅い時間に？

M うん。申し訳ないんだけど、もうバスもない時間だからさ。

F タクシーに乗ればいいんじゃない。

M 高いと思って…。でも、歩いて帰る元気はないし、荷物もあるし…。分かったよ。じゃあ、そうするよ…。

F うん。気をつけてきてね。

男の人はどうやって帰りますか。

問題3

問題3では、問題用紙に何もいんさつされていません。この問題は、ぜんたいとしてどんなないようかを聞く問題です。話の前に質問はありません。まず話を聞いてください。それから、質問とせんたくしを聞いて、1から4の中から、最もよいものを一つえらんでください。

れい

女の人が友達の家に来て話しています。

F1 田中です。

F2 あ、はあい。昨日友達が泊まりに来てたんで、片付いてないけど、入って。

F1 あ、でもここで。すぐ帰るから。あのう、この前借りた本なんだけど、ちょっと破れちゃって。

F2 え、本当？

F1 うん、このページなんだけど。

F2 あっ、うん、このくらいなら大丈夫、読めるし。

F1 ほんと？ ごめん。これからは気をつけるから。

F2 うん、いいよ。ねえ、入ってコーヒーでも飲んでいかない？

F1 ありがとう。

女の人は友達の家へ何をしに来ましたか。

1 謝りに来た
2 本を借りに来た
3 泊まりに来た
4 コーヒーを飲みに来た

1ばん

駅で男の人と女の人が話しています。

F わざわざ来てくれてありがとう。

M うん。向こうに行っても頑張ってね。たまには連絡してね。

F うん。休みには遊びに来てよ。観光地もいっぱいあるし。

M そうだね。行くよ。あ、これ、お弁当。そこで買ったんだ。よかったら、電車の中で食べて。

F ありがとう。ね、最後に一緒に記念写真撮らない？

M うん。じゃあ、駅の人にとってもらおう。

F うん。

男の人は何をしに来ましたか。

1 見送りに来た
2 旅行をしに来た
3 写真を撮りに来た
4 お弁当を買いに来た。

2ばん

テレビで女の人が話しています。

F 大学を卒業したとき、私はまだやりたいことが決まっていませんでした。外国が好きでフランスに興味があったので、フランスの田舎の家庭で農業の手伝いをするボランティアをしました。手伝いながら農薬を使わない農業の方法を学びました。また、私たちが食べている野菜や果物などが、手間と時間をかけて育てられていることを知り、食べ物の大切さについて考えさせられました。これらの経験を通して、私はできるだけ多くの人に体にいい物を食べてもらいたいと思うようになりました。今は日本で自分で作った野菜を使ったレストランを始める準備をしています。

女の人は何について話していますか。

1 フランスの田舎の魅力
2 野菜や果物の育て方
3 レストランを始めようと思ったきっかけ
4 農薬を使わないことの大切さ

3ばん

大学生の男の人と女の人が話しています。

F 体育の授業、スキーを取ったんだって？

M うん。冬休みに5泊の合宿があって、参加してきたよ。

F どうだった？

M スキーは初めてだったんだけど、結構長い時間練習したから、最後には中級コースでも滑れたよ。

F へえ、すごい。私も来年スキーの授業取ろうかな。

M うん。でも、参加するなら、仲のいい友達と一緒に行ったほうがいいよ。ぼくは、一人で参加したから、話す人がいなくてね。友達と一緒だったらきっと楽しかったのに…。

F そう。じゃあ、そうするよ。

男の人はスキー合宿についてどう考えていますか。

1 上手にならなかったが、楽しかった。
2 上手にならなかったし、楽しくなかった。
3 上手になったが、楽しくなかった。
4 上手になったし、楽しかった。

問題 4

問題4では、えを見ながら質問を聞いてください。やじるし（➡）の人は何と言いますか。1から3の中から、最もよいものを一つえらんでください。

れい

ホテルのテレビが壊れています。何と言いますか。

1 テレビがつかないんですが。
2 テレビをつけてもいいですか。
3 テレビをつけたほうがいいですよ。

1ばん

お皿の上のケーキを食べたいです。何と言いますか。

1 これ、食べてみて。
2 これ、食べてもいい?
3 これ、食べられる?

2ばん

新しい年が始まりました。何と言いますか。

1 あけましておめでとうございます。
2 よいお年を。
3 よく、いらっしゃいました。

3ばん

レストランでお金を払います。店員に何と言いますか。

1 ご注文お願いします。
2 お支払いください。
3 お会計お願いします。

4ばん

後輩がミスをしました。後輩に何と言いますか。

1 今後、気をつけてね。
2 迷惑かけてごめん。
3 これからも頑張って。

問題 5

問題5では、問題用紙に何もいんさつされていません。まず文を聞いてください。それから、そのへんじを聞いて、1から3の中から、最もよいものを一つえらんでください。

れい

すみません、今、時間、ありますか。

1 ええと、10時20分です。
2 ええ。何ですか。
3 時計はあそこですよ。

1ばん

今度の社員旅行、行くでしょう?

1 いや、今日はまっすぐ帰るよ。
2 いいねえ、一杯行きましょうか。
3 もちろん参加します。

2ばん

これ、全部捨てていいんですよね。

1 はい。燃えるゴミです。
2 はい。捨てておきます。
3 ええ、よろしかったら、田中さんもどうぞ。

3ばん

買ったばかりなのに、壊れちゃった。

1 うん。さっき買ったところだよ。
2 もう、3年も使ったからね。
3 じゃあ、サービスセンターに電話したら?

4 ばん

事故の原因は何ですか。

1　前をよく見ていなかったようです。

2　それは、大変でしたね。

3　ええ、怪我をしました。

5 ばん

空港に何をしに行くんですか。

1　飛行機、到着しましたよ。

2　母を迎えに行くんです。

3　ええ、海外旅行はよく行きますよ。

6 ばん

郵便局に行ってきます。

1　じゃあ、切手買ってきて。

2　いいなあ。私、行ったことない。

3　きれいに掃除してきてね

7 ばん

うわあ、ずいぶん並んでますね。

1　ええ。人気がないんですね。

2　そうですね。他の店にしましょうか。

3　はい、本当においしいですね。

8 ばん

アンケートにご協力お願いします。

1　忙しいところ、ありがとうございます。

2　分かりました。いくらですか。

3　すみません、急いでいるので。

9 ばん

お客様のお名前をご記入ください。

1　えーと、どこに書けばいいですか。

2　はい。さとうたかしです。

3　ええ、こちらにどうぞ。

にほんごのうりょくしけん かいとうようし

N3 파이널 테스트 1회

げんごちしき (もじ・ごい)

受験番号
Examinee Registration
Number

名前
Name

問題 1

	①	②	③	④
1	①	②	③	④
2	①	②	③	④
3	①	②	③	④
4	①	②	③	④
5	①	②	③	④
6	①	②	③	④
7	①	②	③	④
8	①	②	③	④

問題 2

	①	②	③	④
9	①	②	③	④
10	①	②	③	④
11	①	②	③	④
12	①	②	③	④
13	①	②	③	④
14	①	②	③	④

問題 3

	①	②	③	④
15	①	②	③	④
16	①	②	③	④
17	①	②	③	④
18	①	②	③	④
19	①	②	③	④
20	①	②	③	④
21	①	②	③	④
22	①	②	③	④
23	①	②	③	④
24	①	②	③	④
25	①	②	③	④

問題 4

	①	②	③	④
26	①	②	③	④
27	①	②	③	④
28	①	②	③	④
29	①	②	③	④
30	①	②	③	④

問題 5

	①	②	③	④
31	①	②	③	④
32	①	②	③	④
33	①	②	③	④
34	①	②	③	④
35	①	②	③	④

にほんごのうりょくしけん かいとうようし

N3 파이널 테스트 1회

げんごちしき (ぶんぽう)・どっかい

受験番号
Examinee Registration
Number

名前
Name

問題 1

1	①	②	③	④
2	①	②	③	④
3	①	②	③	④
4	①	②	③	④
5	①	②	③	④
6	①	②	③	④
7	①	②	③	④
8	①	②	③	④
9	①	②	③	④
10	①	②	③	④
11	①	②	③	④
12	①	②	③	④
13	①	②	③	④

問題 2

14	①	②	③	④
15	①	②	③	④
16	①	②	③	④
17	①	②	③	④
18	①	②	③	④

問題 3

19	①	②	③	④
20	①	②	③	④
21	①	②	③	④
22	①	②	③	④

問題 4

23	①	②	③	④
24	①	②	③	④
25	①	②	③	④
26	①	②	③	④

問題 5

27	①	②	③	④
28	①	②	③	④
29	①	②	③	④
30	①	②	③	④
31	①	②	③	④
32	①	②	③	④

問題 6

33	①	②	③	④
34	①	②	③	④
35	①	②	③	④
36	①	②	③	④

問題 7

| 37 | ① | ② | ③ | ④ |
| 38 | ① | ② | ③ | ④ |

にほんごのうりょくしけん かいとうようし

N3 파이널 테스트 1회

ちょうかい

受 験 番 号
Examinee Registration
Number

名 前
Name

問 題 1

れい	●	②	③	④
1	①	②	③	④
2	①	②	③	④
3	①	②	③	④
4	①	②	③	④
5	①	②	③	④
6	①	②	③	④

問 題 2

れい	①	②	③	●
1	①	②	③	④
2	①	②	③	④
3	①	②	③	④
4	①	②	③	④
5	①	②	③	④
6	①	②	③	④

問 題 3

れい	●	②	③	④
1	①	②	③	④
2	①	②	③	④
3	①	②	③	④

問 題 4

れい	●	②	③
1	①	②	③
2	①	②	③
3	①	②	③
4	①	②	③

問 題 5

れい	①	●	③
1	①	②	③
2	①	②	③
3	①	②	③
4	①	②	③
5	①	②	③
6	①	②	③
7	①	②	③
8	①	②	③
9	①	②	③

にほんごのうりょくしけん かいとうようし

N3 파이널 테스트 2회

げんごちしき (もじ・ごい)

受験番号
Examinee Registration
Number

名前
Name

問題 1

1	①	②	③	④
2	①	②	③	④
3	①	②	③	④
4	①	②	③	④
5	①	②	③	④
6	①	②	③	④
7	①	②	③	④
8	①	②	③	④

問題 2

9	①	②	③	④
10	①	②	③	④
11	①	②	③	④
12	①	②	③	④
13	①	②	③	④
14	①	②	③	④

問題 3

15	①	②	③	④
16	①	②	③	④
17	①	②	③	④
18	①	②	③	④
19	①	②	③	④
20	①	②	③	④
21	①	②	③	④
22	①	②	③	④
23	①	②	③	④
24	①	②	③	④
25	①	②	③	④

問題 4

26	①	②	③	④
27	①	②	③	④
28	①	②	③	④
29	①	②	③	④
30	①	②	③	④

問題 5

31	①	②	③	④
32	①	②	③	④
33	①	②	③	④
34	①	②	③	④
35	①	②	③	④

にほんごのうりょくしけん かいとうようし

N3 파이널 테스트 2회
げんごちしき (ぶんぽう)・どっかい

受験番号
Examinee Registration
Number

名前
Name

問 題 1

	①	②	③	④
1	①	②	③	④
2	①	②	③	④
3	①	②	③	④
4	①	②	③	④
5	①	②	③	④
6	①	②	③	④
7	①	②	③	④
8	①	②	③	④
9	①	②	③	④
10	①	②	③	④
11	①	②	③	④
12	①	②	③	④
13	①	②	③	④

問 題 2

	①	②	③	④
14	①	②	③	④
15	①	②	③	④
16	①	②	③	④
17	①	②	③	④
18	①	②	③	④

問 題 3

	①	②	③	④
19	①	②	③	④
20	①	②	③	④
21	①	②	③	④
22	①	②	③	④

問 題 4

	①	②	③	④
23	①	②	③	④
24	①	②	③	④
25	①	②	③	④
26	①	②	③	④

問 題 5

	①	②	③	④
27	①	②	③	④
28	①	②	③	④
29	①	②	③	④
30	①	②	③	④
31	①	②	③	④
32	①	②	③	④

問 題 6

	①	②	③	④
33	①	②	③	④
34	①	②	③	④
35	①	②	③	④
36	①	②	③	④

問 題 7

	①	②	③	④
37	①	②	③	④
38	①	②	③	④

✂

N3 파이널 테스트 2회

にほんごのうりょくしけん かいとうようし

ちょうかい

受験番号
Examinee Registration
Number

名前
Name

問題 1

れい	①	●	③	④
1	①	②	③	④
2	①	②	③	④
3	①	②	③	④
4	①	②	③	④
5	①	②	③	④
6	①	②	③	④

問題 2

れい	①	②	③	④
1	①	②	③	④
2	①	②	③	④
3	①	②	③	④
4	①	②	③	④
5	①	②	③	④
6	①	②	③	④

問題 3

れい	①	②	③	●
1	①	②	③	④
2	①	②	③	④
3	①	②	③	④

問題 4

れい	①	●	③
1	①	②	③
2	①	②	③
3	①	②	③
4	①	②	③

問題 5

れい	①	●	③
1	①	②	③
2	①	②	③
3	①	②	③
4	①	②	③
5	①	②	③
6	①	②	③
7	①	②	③
8	①	②	③
9	①	②	③

にほんごのうりょくしけん かいとうようし

N3 파이널 테스트 3회

げんごちしき (もじ・ごい)

受 験 番 号
Examinee Registration
Number

名 前
Name

問題 1

1	①	②	③	④
2	①	②	③	④
3	①	②	③	④
4	①	②	③	④
5	①	②	③	④
6	①	②	③	④
7	①	②	③	④
8	①	②	③	④

問題 2

9	①	②	③	④
10	①	②	③	④
11	①	②	③	④
12	①	②	③	④
13	①	②	③	④
14	①	②	③	④

問題 3

15	①	②	③	④
16	①	②	③	④
17	①	②	③	④
18	①	②	③	④
19	①	②	③	④
20	①	②	③	④
21	①	②	③	④
22	①	②	③	④
23	①	②	③	④
24	①	②	③	④
25	①	②	③	④

問題 4

26	①	②	③	④
27	①	②	③	④
28	①	②	③	④
29	①	②	③	④
30	①	②	③	④

問題 5

31	①	②	③	④
32	①	②	③	④
33	①	②	③	④
34	①	②	③	④
35	①	②	③	④

にほんごのうりょくしけんかいとうようし

N3 파이널 테스트 3회
げんごちしき（ぶんぽう）・どっかい

受験番号
Examinee Registration
Number

名前
Name

問題 1

1	①	②	③	④
2	①	②	③	④
3	①	②	③	④
4	①	②	③	④
5	①	②	③	④
6	①	②	③	④
7	①	②	③	④
8	①	②	③	④
9	①	②	③	④
10	①	②	③	④
11	①	②	③	④
12	①	②	③	④
13	①	②	③	④

問題 2

14	①	②	③	④
15	①	②	③	④
16	①	②	③	④
17	①	②	③	④
18	①	②	③	④

問題 3

19	①	②	③	④
20	①	②	③	④
21	①	②	③	④
22	①	②	③	④

問題 4

23	①	②	③	④
24	①	②	③	④
25	①	②	③	④
26	①	②	③	④

問題 5

27	①	②	③	④
28	①	②	③	④
29	①	②	③	④
30	①	②	③	④
31	①	②	③	④
32	①	②	③	④

問題 6

33	①	②	③	④
34	①	②	③	④
35	①	②	③	④
36	①	②	③	④

問題 7

37	①	②	③	④
38	①	②	③	④

にほんごのうりょくしけん かいとうようし

N3 파이널 테스트 3회

ちょうかい

受験番号 Examinee Registration Number

名前 Name

< ちゅうい Notes >

1. くろいえんぴつ (HB、No.2) で かいてください。
   Use a black medium soft (HB or No.2) pencil.
2. かきなおすときは、けしゴムで きれいにけしてください。
   Erase any unintended marks completely.
3. きたなくしたり、おったりしないで ください。
   Do not soil or bend this sheet.
4. マークれい Marking examples

よい Correct	わるい Incorrect
●	⊘ ⊗ ○ ◑ ⊖ ◐ ⊙

問題 1

れい	●	②	③	④
1	①	②	③	④
2	①	②	③	④
3	①	②	③	④
4	①	②	③	④
5	①	②	③	④
6	①	②	③	④

問題 2

れい	①	②	③	●
1	①	②	③	④
2	①	②	③	④
3	①	②	③	④
4	①	②	③	④
5	①	②	③	④
6	①	②	③	④

問題 3

れい	●	②	③	④
1	①	②	③	④
2	①	②	③	④
3	①	②	③	④

問題 4

れい	●	②	③
1	①	②	③
2	①	②	③
3	①	②	③
4	①	②	③

問題 5

れい	①	●	③
1	①	②	③
2	①	②	③
3	①	②	③
4	①	②	③
5	①	②	③
6	①	②	③
7	①	②	③
8	①	②	③
9	①	②	③

にほんごのうりょくしけん かいとうようし

N3 파이널 테스트 4회

げんごちしき (もじ・ごい)

< ちゅうい Notes >

1. くろいえんぴつ (HB、No.2) で
   かいてください。
   Use a black medium soft
   (HB or No.2) pencil.

2. かきなおすときは、けしゴムで
   きれいにけしてください。
   Erase any unintended marks
   completely.

3. きたなくしたり、おったりしないで
   ください。
   Do not soil or bend this sheet.

4. マークれい Marking examples

よい Correct	わるい Incorrect
●	⊘ ◯ ◯ ◐ ◑ ●

問題 1

1	①	②	③	④
2	①	②	③	④
3	①	②	③	④
4	①	②	③	④
5	①	②	③	④
6	①	②	③	④
7	①	②	③	④
8	①	②	③	④

問題 2

9	①	②	③	④
10	①	②	③	④
11	①	②	③	④
12	①	②	③	④
13	①	②	③	④
14	①	②	③	④

問題 3

15	①	②	③	④
16	①	②	③	④
17	①	②	③	④
18	①	②	③	④
19	①	②	③	④
20	①	②	③	④
21	①	②	③	④
22	①	②	③	④
23	①	②	③	④
24	①	②	③	④
25	①	②	③	④

問題 4

26	①	②	③	④
27	①	②	③	④
28	①	②	③	④
29	①	②	③	④
30	①	②	③	④

問題 5

31	①	②	③	④
32	①	②	③	④
33	①	②	③	④
34	①	②	③	④
35	①	②	③	④

にほんごのうりょくしけん かいとうようし

N3 파이널 테스트 4회
げんごちしき (ぶんぽう)・どっかい

受験 番 号
Examinee Registration
Number

名 前
Name

< ちゅうい Notes >

1. くろいえんぴつ (HB、No.2) で
かいてください。
Use a black medium soft
(HB or No.2) pencil.
2. かきなおすときは、けしゴムで
きれいにけしてください。
Erase any unintended marks
completely.
3. きたなくしたり、おったりしないで
ください。
Do not soil or bend this sheet.
4. マークれい Marking examples

よい Correct	わるい Incorrect
●	⊗ ◌ ◍ ◐ ⊘ ◉

問 題 1

1	①	②	③	④
2	①	②	③	④
3	①	②	③	④
4	①	②	③	④
5	①	②	③	④
6	①	②	③	④
7	①	②	③	④
8	①	②	③	④
9	①	②	③	④
10	①	②	③	④
11	①	②	③	④
12	①	②	③	④
13	①	②	③	④

問 題 2

14	①	②	③	④
15	①	②	③	④
16	①	②	③	④
17	①	②	③	④
18	①	②	③	④

問 題 3

19	①	②	③	④
20	①	②	③	④
21	①	②	③	④
22	①	②	③	④

問 題 4

23	①	②	③	④
24	①	②	③	④
25	①	②	③	④
26	①	②	③	④

問 題 5

27	①	②	③	④
28	①	②	③	④
29	①	②	③	④
30	①	②	③	④
31	①	②	③	④
32	①	②	③	④

問 題 6

33	①	②	③	④
34	①	②	③	④
35	①	②	③	④
36	①	②	③	④

問 題 7

| 37 | ① | ② | ③ | ④ |
| 38 | ① | ② | ③ | ④ |

にほんごのうりょくしけん かいとうようし

N3 파이널 테스트 4회

ちょうかい

受験番号
Examinee Registration
Number

名前
Name

< ちゅうい Notes >

1. くろいえんぴつ (HB、No.2) で
かいてください。
Use a black medium soft
(HB or No.2) pencil.

2. かきなおすときは、けしゴムで
きれいにけしてください。
Erase any unintended marks
completely.

3. きたなくしたり、おったりしないで
ください。
Do not soil or bend this sheet.

4. マークれい Marking examples

よい Correct	わるい Incorrect
●	⊘ ◇ ◯ ◯ ⊙ ◑

問題 1

れい	①	●	③	④
1	①	②	③	④
2	①	②	③	④
3	①	②	③	④
4	①	②	③	④
5	①	②	③	④
6	①	②	③	④

問題 2

れい	①	②	③	●
1	①	②	③	④
2	①	②	③	④
3	①	②	③	④
4	①	②	③	④
5	①	②	③	④
6	①	②	③	④

問題 3

れい	①	●	③	④
1	①	②	③	④
2	①	②	③	④
3	①	②	③	④

問題 4

れい	①	●	③
1	①	②	③
2	①	②	③
3	①	②	③
4	①	②	③

問題 5

れい	①	②	●
1	①	②	③
2	①	②	③
3	①	②	③
4	①	②	③
5	①	②	③
6	①	②	③
7	①	②	③
8	①	②	③
9	①	②	③

にほんごのうりょくしけん かいとうようし

N3 파이널 테스트 5회
げんごちしき (もじ・ごい)

受 験 番 号
Examinee Registration
Number

名 前
Name

< ちゅうい Notes >

1. くろいえんぴつ (HB、No.2) で かいてください。
Use a black medium soft (HB or No.2) pencil.

2. かきなおすときは、けしゴムで きれいにけしてください。
Erase any unintended marks completely.

3. きたなくしたり、おったりしないで ください。
Do not soil or bend this sheet.

4. マークれい Marking examples

よい Correct	わるい Incorrect
●	⊘ ◐ ⊖ ⦵ ◌

問 題 1

1	①	②	③	④
2	①	②	③	④
3	①	②	③	④
4	①	②	③	④
5	①	②	③	④
6	①	②	③	④
7	①	②	③	④
8	①	②	③	④

問 題 2

9	①	②	③	④
10	①	②	③	④
11	①	②	③	④
12	①	②	③	④
13	①	②	③	④
14	①	②	③	④

問 題 3

15	①	②	③	④
16	①	②	③	④
17	①	②	③	④
18	①	②	③	④
19	①	②	③	④
20	①	②	③	④
21	①	②	③	④
22	①	②	③	④
23	①	②	③	④
24	①	②	③	④
25	①	②	③	④

問 題 4

26	①	②	③	④
27	①	②	③	④
28	①	②	③	④
29	①	②	③	④
30	①	②	③	④

問 題 5

31	①	②	③	④
32	①	②	③	④
33	①	②	③	④
34	①	②	③	④
35	①	②	③	④

にほんごのうりょくしけん かいとうようし

N3 파이널 테스트 5회

げんごちしき (ぶんぽう)・どっかい

受験番号
Examinee Registration
Number

名前
Name

問題 1

1	①	②	③	④
2	①	②	③	④
3	①	②	③	④
4	①	②	③	④
5	①	②	③	④
6	①	②	③	④
7	①	②	③	④
8	①	②	③	④
9	①	②	③	④
10	①	②	③	④
11	①	②	③	④
12	①	②	③	④
13	①	②	③	④

問題 2

14	①	②	③	④
15	①	②	③	④
16	①	②	③	④
17	①	②	③	④
18	①	②	③	④

問題 3

19	①	②	③	④
20	①	②	③	④
21	①	②	③	④
22	①	②	③	④

問題 4

23	①	②	③	④
24	①	②	③	④
25	①	②	③	④
26	①	②	③	④

問題 5

27	①	②	③	④
28	①	②	③	④
29	①	②	③	④
30	①	②	③	④
31	①	②	③	④
32	①	②	③	④

問題 6

33	①	②	③	④
34	①	②	③	④
35	①	②	③	④
36	①	②	③	④

問題 7

| 37 | ① | ② | ③ | ④ |
| 38 | ① | ② | ③ | ④ |

にほんごのうりょくしけん かいとうようし

N3 파이널 테스트 5회
ちょうかい

受験番号
Examinee Registration
Number

名前
Name

問　題　1

れい	①	●	③	④
1	①	②	③	④
2	①	②	③	④
3	①	②	③	④
4	①	②	③	④
5	①	②	③	④
6	①	②	③	④

問　題　2

れい	①	②	●	④
1	①	②	③	④
2	①	②	③	④
3	①	②	③	④
4	①	②	③	④
5	①	②	③	④
6	①	②	③	④

問　題　3

れい	①	●	③	④
1	①	②	③	④
2	①	②	③	④
3	①	②	③	④

問　題　4

れい	●	②	③
1	①	②	③
2	①	②	③
3	①	②	③
4	①	②	③

問　題　5

れい	①	●	③
1	①	②	③
2	①	②	③
3	①	②	③
4	①	②	③
5	①	②	③
6	①	②	③
7	①	②	③
8	①	②	③
9	①	②	③